自由

在歷史盡頭長大成人

FREE

COMING OF AGE AT THE END OF HISTORY

Lea Ypi
蕾雅·烏琵

賴盈滿——譯

紀念我的祖母蕾幔·烏琵（妮妮）
1918-2006

「人不是出於自由意志創造歷史，
但人就是會創造歷史。」

——羅莎．盧森堡（Rosa Luxemburg）

目次

第一部

freedom

第二部

第一部

freedom

一、史達林

我從來沒有思考過自由的意義，直到我抱了史達林。他比我想像得高多了。諾拉老師告訴我們，帝國主義分子和修正主義者老愛強調史達林個子小。明明他不比路易十四矮，可是他們從來不提路易十四的身高，這不是很怪嗎？總之，諾拉老師一臉嚴肅告訴我們，帝國主義分子老是犯這個錯，注重外表勝過真正重要的事物。史達林是巨人，而且他做了什麼比他個子高矮重要多了。

諾拉老師接著解釋，史達林最特別的地方，就是他眼睛會笑。真的嗎？他眼睛會笑？那是因為他嘴唇被臉上兩撇和善的八字鬍遮住了，所以你如果只注意嘴唇，就永遠看不出他是真的在笑還是怎樣。可是你只要一瞥他充滿智慧、洞悉一切的棕色眼眸，馬上就能分辨，對，史達林在笑。有些人不敢和你對視，心裡顯然有事想隱藏。史達林永遠直直看著你。只要他想，或是你表現良好，他眼睛就會笑。他總是穿著樸素外套和棕色鞋子，而且喜歡將右手放在外套左胸底下，彷彿摀著心窩，左手則常插在口袋裡。

「口袋裡？」我們忍不住問：「走路手插口袋不是很沒禮貌嗎？大人老是叫我們走路手

不能放口袋裡。」

「那是沒錯，」諾拉說：「但蘇聯很冷，而且——」她補充道：「拿破崙也是一直把手插在口袋裡，就沒有人說他不禮貌。」

「不是口袋，」我怯怯地說：「是馬夾裡，那在當時是有教養的表現。」

諾拉老師沒有理我，直接想跳到下一個問題。

「**而且**他很矮，」我打斷她說。

「妳怎麼知道？」

「我奶奶跟我說的。」

「她跟妳說了什麼？」

「她跟我說拿破崙很矮，可是當馬克思的老師韓格爾，還是黑格爾，我忘記了，他在見到拿破崙之後，卻說他看見世界精神坐在馬背上。」

「是韓格爾，」諾拉老師糾正我說：「他說得沒錯。拿破崙改變了歐洲，將啟蒙運動的政治體制傳播出去。他是偉人，但史達林比他更偉大。要是馬克思的老師韓格爾見到史達林，當然不是看見他坐在馬背上，或許是站在坦克上吧，他一定也會說自己看見了世界精神。史達林啟發的人更多，不只歐洲，還有非洲和亞洲數百萬的弟兄姊妹。」

「史達林喜歡小孩嗎？」我們問。

「當然喜歡。」

「比列寧還喜歡嗎？」

「和列寧差不多。但史達林的仇敵老是隱瞞這一點，把他形容得比列寧更壞。因為對他們來說，史達林更強大，而且危險幾百倍。列寧只是改變了俄國，史達林卻改變了全世界。所以明明他和列寧一樣喜歡小孩，卻沒有人好好報導這件事。」

「史達林有和恩維爾叔叔一樣喜歡小孩嗎？」

諾拉老師遲疑不答。

「還是他比恩維爾叔叔更喜歡小孩？」

「答案你們都曉得，」她對我們溫暖一笑。

史達林可能真的喜歡小孩，小孩可能也喜歡史達林。但我敢說，百分之百肯定，就在那個溼淋淋的十二月午後，當我連跑帶跳從港口來到文化宮旁的小花園，我對史達林的愛也到達了最頂點。我汗流浹背，全身顫抖，心臟猛力狂跳，感覺就快從嘴裡迸出來了。我拚命跑了快兩公里才看見那座小公園。但當史達林出現在遠方，我就知道自己安全了。他穿著樸素外套和古銅色鞋子站在那裡，右手放在外套底下，彷彿摀著心窩，表情就和往常一樣莊嚴。我停下腳步，左右看了一圈，確定沒人跟著我，接著便走上前去抱住了他。我右臉貼著他的大腿，兩手吃力圍抱他的膝蓋，整個人埋進去像消失了一般。我努力克制呼吸，閉上眼睛開始數數。一、二、三。當我數到卌七時，耳朵裡再也聽不到狗叫聲，示威群眾鞋子踩在水泥地上的巨響也成了遙遠的回音，只有他們的口號偶爾在我周圍迴盪：

「自由！民主！自由！民主！」

等我確定自己安全，便放開了史達林。我坐在地上，開始仔細打量他。他鞋子上最後幾滴雨水快要乾了，外套上的油漆也開始褪色。史達林就像諾拉老師形容的那樣，是個古銅色的巨人，手和腳都比我想像得還要巨大。我拉長脖子仰頭往上望，想確認他的上脣真的被八字鬍蓋住，而眼睛會笑。但我沒看到笑容，也沒看到眼睛、嘴脣，甚至八字鬍。史達林的頭被示威的流氓偷走了。

我摀住嘴，差點驚呼出來。史達林竟然被人砍頭了？這位留著和善八字鬍，早在我出生前就矗立在文化宮花園裡的古銅色巨人，韓格爾見到肯定會說他是站在坦克上的世界精神的偉人，怎麼會沒有頭呢？他們到底想要什麼？為何要高喊：**「自由！民主！自由！民主！」**那是什麼意思？

我從來沒思考過自由，因為沒有必要。我們很自由，甚至自由到我常覺得它很累贅，甚至很危險，就像那天一樣。

我沒想到自己會捲進示威裡。我對示威幾乎沒有概念。幾小時前，我還淋著雨站在校門口準備回家，心想要左轉、右轉，還是直走。我有決定的自由。每條路都各有麻煩，我必須權衡因果，思考可能的影響，然後做決定，而且知道自己之後可能會後悔。

那天我顯然後悔了。我自由選擇走哪條路回家，結果做了錯誤的決定。學校規定班上每天要有四個人當值日生，放學後留下來打掃，但男生通常會找藉口開溜，最後只剩下女生。那天輪到我和好朋友艾隆娜當值日生。平常我和她打掃完就會離開學校，路上遇到坐在街角人行道上賣葵花子的老婆婆，就會停下來問：「我們可以試吃嗎？妳賣的葵花子是有鹽還是無鹽？烤過還是沒烤過的？」聽到這話，老婆婆就會打開她帶來的三只袋子，裡頭是有鹽烤過的、無鹽烤過的和無鹽沒烤過的葵花子，而我們會每個都試一點。只要手上有點錢，選擇就很多。

之後，我們就會嗑著葵花子左轉朝艾隆娜家走，然後用她掛在母親項鍊上、收在制服裡的生鏽鑰匙開門，而且那門有一點難開。接下來我們就得選擇玩什麼遊戲。十二月很簡單，因為全國歌唱比賽每年都是那時開始，所以我們會自己編歌，假裝去上全國節目。我負責寫歌詞、艾隆娜唱，有時我也會用大木匙敲鍋子當成打鼓伴奏。但最近艾隆娜對歌唱比賽沒興趣了，比較喜歡玩扮家家酒，因此常叫我放下廚房裡的鍋子，跟她一起待在父母親的房間，試別她媽媽的髮夾、穿她的舊婚紗、用她的化妝品，並且假裝替洋娃娃餵奶，直到中飯時間。這時我就得決定，是要順著艾隆娜的心意繼續玩扮家家酒，還是說服她一起去煎蛋。如果沒有蛋，那是要吃麵包沾橄欖油，還是只吃麵包。不過，這些都是雞毛蒜皮的選擇。

那天真正讓我左右為難的，是我和艾隆娜為了打掃教室吵了一架。她堅持我們兩個不只要掃地還要拖地，否則就別想拿到那個月的最佳清潔值日生獎。她媽媽很在意這個獎。我說我們都是奇數日掃地，偶數日掃地和拖地。今天是奇數日，所以只要掃地就好，既能早點回家，又還是可以拿獎。她說可是老師不那樣想，而且還提醒我上回就是因為打掃馬虎，才害我爸爸媽媽被叫到學校來。我說才不是因為我打掃馬虎，而是週一糾察隊發現我指甲太長了。她說那才不重要，總之打掃教室就是既要掃地又要拖地，否則就算月底拿到獎，感覺也是作弊。而且，她接著又用理所當然的語氣說，她都是這樣打掃家裡，因為她媽媽就是這樣做。我告訴艾隆娜，她不能每次都用她媽媽怎樣當理由，說完就氣沖沖離開了。我淋著雨站在校門口，心想艾隆娜是否有權期待所有人都對她好，就算她是錯的也一樣。我是不是應該假裝自己喜歡掃地和拖地，就像假裝自己喜歡玩扮家家酒那樣。

我從來沒有跟艾隆娜說，但我討厭扮家家酒，討厭去她媽媽的房間穿婚紗。我覺得穿死人的衣服或用對方幾個月前還在用的化妝品，把自己打扮成她，感覺很可怕。但扮家家酒是最近的事，而且艾隆娜一直期待妹妹出生，可以陪我弟弟玩。可是她母親過世了，剛生下的妹妹被送到孤兒院，只留下婚紗。我不希望艾隆娜因為我不肯穿那件婚紗或討厭髮夾而難過。當然，我有跟她說我不喜歡扮家家酒的自由，就像我有讓她自己一個人在教室拖地的自由一樣，沒有人可以阻止我。但我決定最好還是跟艾隆娜說實話，即使那會傷了她，也不要只為了讓她開心而說謊。

如果不是左轉去艾隆娜家，我就會右轉。那樣走距離最短，從兩條小巷接到大馬路，正對一家餅乾工房。但這裡又會有一個兩難，因為每天貨車快來的時候，總會有一大群放了學的小孩聚在這裡。如果我選擇右轉回家，就得加入「餅乾行動」。那是我們私下取的代號。我和其他小孩會沿工房外牆站成一排，焦急等待貨車出現，一邊留意門的動靜，一邊豎耳傾聽馬路上的任何異樣，例如腳踏車、馬或馬車經過的聲響。等著等著，工房的門會忽然打開，兩名貨車工人有如扛著地球的亞特拉斯（Atlas）扛著餅乾箱子走出來。這時會有一場小騷動，所有小孩一湧而上，大聲高喊：「貪心鬼呀貪心鬼，餅乾，餅乾，貪心鬼！」原本整整齊齊站成一排的小孩會自動分成兩隊，一群急先鋒伸手亂抓，努力攫住工人的膝蓋，另一群後衛衝到工房大門擋住去路。兩名工人拚命扭動下半身，免得被我們纏住，上半身則是肌肉緊繃，死抓住餅乾箱。但總會有一包餅乾掉出來，小孩就會開始你爭我搶。這時工房經理就會出來，手裡抱著一大堆餅乾，讓所有小孩開心滿意，解散離開。

我有右轉或繼續往前走的自由。如果我選擇右轉，就會遇到前面那些事。期待一個十一歲小孩繼續往前，不去討餅乾，也不去理會從工房開著的窗戶裡飄出來的餅乾香，不僅太過天真，而且也不合理，甚至不公平。期待她直接從其他小孩面前走過，絲毫不管他們質疑的目光，彷彿一點也不在意貨車就快來了，也同樣不合理。但一九九〇年十二月那個不幸下午的前一天晚上，我爸爸媽媽就是要我那樣做。這就是為什麼選擇走哪一條路回家會和自由扯上關係。

從某方面來說，我爸爸媽媽會那樣交代，是我自己不對。我不該像是拿到戰利品似的捧著餅乾回家。但那位新來的工房經理也有錯。她才上任不久，還搞不清楚狀況，誤以為小孩出現只是偶發事件，因此不像之前幾任經理只給每個小孩一塊餅乾，而是每人給一整包。我們察覺到情況有變，也意識到這對接下來幾天的「餅乾行動」可能會有什麼影響，因此沒有立刻把餅乾吃掉，而是趕緊將整包餅乾收進書包裡，趕緊離開。

我承認，我沒想到拿出餅乾、跟爸爸媽媽說餅乾是怎麼來的，他們會這麼大驚小怪，更沒想到自己被問到的第一件事是：「妳有沒有被別人看到？」我當然有被別人看到，而且不只是發餅乾的經理。沒有，我記**不清楚**她的長相。對，她大概四、五十歲。個子不高不矮，可能是中等身材。頭髮是黑色的，波浪捲，笑容很燦爛、很誠懇。這時，我爸爸忽然臉色發白，雙手抱頭從扶手椅上站了起來。媽媽則是轉身離開客廳，同時示意爸爸跟她一起去廚房。奶奶默默摸著我的頭，正坐在角落吃我給他的餅乾的弟弟察覺氣氛不對，停下嘴巴開始大哭。

他們要我答應以後再也不會在工房那裡逗留，或在外牆邊等候，而且要我開口，說我知道讓工人好好做事很重要，如果每個人都像我這樣，店裡很快就沒餅乾可賣了。**互相**，爸爸向我強調，社會主義就是建立在互相上。

我答應的當下，就知道自己很難做到。但這也難說，誰曉得呢？至少我得認真去試。於是隔天下午我選擇直走。我沒有右轉，沒有回教室等艾隆娜打掃完一起去她家玩扮家家酒，也沒有繞去拿餅乾。這一切只能怪我自己，因為所有決定都是我做的。我雖然盡了全力，卻還是在錯的時間出現在錯的地方。所有這些自由選擇的結果就是狗可能回來把我咬死，或是我被示威群眾亂腳踏死。

我當然不曉得自己會遇上示威，也不曉得會躲到史達林這裡。要不是我前陣子才在電視上看到其他地方的動亂，可能連眼前這一群人高呼口號，還有警察牽狗跟在一旁的奇怪景象叫做「示威」都不曉得。幾個月前（一九九〇年七月），數十名阿爾巴尼亞人翻牆闖入外國大使館。我想不透怎麼會有人想把自己鎖在使館裡。我們在班上討論過這件事，艾隆娜說曾經有一家人，兩男四女共六個兄弟姊妹，打扮成外國遊客溜進地拉那（Tirana）的義大利大使館，在裡頭的兩個房間住了五年，整整五年。還有一位叫做哈維爾·裴瑞茲·德奎利亞爾（Javier Pérez de Cuéllar）的遊客，他真的是來我們國家玩的觀光客。他跟翻牆闖進大使館的人談話之後，跟黨說他們想搬去義大利。

我搞不懂艾隆娜在講什麼，便問爸爸是什麼意思。「那些人是**流莽**，」爸爸說：「電視上有講過。」他接著解釋，流氓（hooligan）是外國字，阿爾巴尼亞文找不到翻譯，也不需要。這些人都是年輕小伙子，性格火爆，去看足球賽會喝得爛醉，然後開始惹麻煩，莫名其妙跟別隊支持者打架、焚燒旗子。他們主要是西方人，不過東方也有。但阿爾巴尼亞既不是東方也不是西方，所以沒有這種人，直到最近。

當我站在史達林身旁看著這一切，腦中閃過的就是流氓兩個字。假如他們是流氓，那他們翻牆闖進大使館、吼警察、破壞公共秩序或拿走雕像的頭，顯然就說得通了。因為西方的流氓顯然會這樣做。或許他們偷渡來我們國家就是為了惹麻煩。然而，幾個月前翻牆闖進大使館的百分之百不是外國人。這兩群流氓有什麼相同點？

我隱約記得去年發生過一件事，好像叫做柏林圍牆示威。我們在學校討論過，諾拉老師說示威跟帝國主義和修正主義的對抗有關。他們都拿著鏡子照對方，但兩面鏡子都是破的，而且跟我們無關。敵人老是想推翻我們的政府，卻也老是失敗。一九四〇年代末期，南斯拉夫和史達林決裂，我們便和南斯拉夫分手。一九六〇年代，赫魯雪夫放棄史達林路線，指控我們國家是「左派民族主義偏差分子」，我們立刻就和蘇聯斷交。一九七〇年代晚期，中國背叛了文化大革命，決定富起來，我們就和中國劃清界線。無所謂。雖然強敵環伺，但我們知道自己站在歷史的正確面。只要敵人威脅我們，黨就會愈強大，愈受人民支持。過去數百年來，我們對抗過強大的帝國，向世人證明了巴爾幹半島上的一個小國也有力量抵禦外侮。如今我們更是身先士卒，努力實現最困難的轉型，從社會主義自由進展到共產主義自由，從公正法治革命國家變成無產社會，讓國家功成身退。

當然，自由是有代價的，諾拉老師說。為了捍衛自由，我們一直孤軍奮戰。如今**他們**全都付出了代價，**他們**全都混亂失序，只有我們屹立不搖，並且將繼續成為領頭的榜樣。我們沒有錢也沒有武器，卻繼續對抗東方修正主義與西方帝國主義的誘惑。我們的存在讓所有尊嚴不斷被踐踏的其他小國擁有希望。不僅有生活在公正社會的光榮感，更有無限感激，感謝自己無須面對世界其他地方所遭受的驚恐，孩童不會餓死、凍死或被迫工作。

「你們看這隻手，」一說完，諾拉老師舉起右手，表情嚴厲往下說：「這隻手永遠會很堅強，永遠會反擊。為什麼？因為它握過恩維爾同志的手。大會過後，我好幾天沒有洗手，而且就算洗了，力量也永遠都在，永遠不會離開我，直到死亡。」

我想起諾拉老師的手，以及她幾個月前跟我們說過的話。我仍然坐在史達林銅像前的地上整理思緒，想找到勇氣起身找路回家。我試著回想諾拉老師說過的每一個字，回想她告訴我們她握了恩維爾叔叔的手，因此將永遠捍衛自由時，她眉宇間的驕傲與力量。我想像她一樣。我也必須捍衛自己的自由。我一定有辦法克服恐懼。我沒有握過恩維爾叔叔的手，也從來沒見過他，但史達林的腿或許也能給我力量。

我站起來，試著用諾拉老師的方式思考。我們有社會主義。社會主義給了我們自由。示威分子錯了。沒有人在尋找自由。所有人跟我一樣早就自由了。我們只是在行使自由、捍衛自由，為自己的決定負責，例如走哪條路回家，是要右轉、左轉或直走。這群人或許和我一樣，只是不小心走到了港口附近，在錯的時間出現在錯的地方。或許他們見到警察和狗覺得很害怕，警察和狗可能也一樣，尤其看到一堆人在跑。或許雙方只是你追我我追你，到最後搞不清誰追誰，所以才開始喊**「自由！民主！」**因為他們害怕，心裡不確定。他們想說的是他們不想失去民主與自由，而不是他們想要這兩樣東西。

也許史達林的頭根本和眼前這一切毫無關係。也許頭是被晚上的暴風雨吹斷了，已經有人拿去修理，很快就會像新的一樣歸回原位，重新露出他會笑的銳利眼神，還有濃密和善的八字鬍遮住上唇。就像人們告訴我的那樣，一如以往。

我又抱了抱史達林，接著轉身朝遠處望去，估算這裡離我家有多遠，然後深呼吸一口氣，開始奔跑。

二、那個烏琵

「妳總算回家了！我們等了兩個小時！都快擔心死了！妳媽媽已經回來了！妳爸爸去學校找妳！妳弟弟在哭！*」一個高高瘦瘦、全身黑衣的人影大聲說道。妮妮已經在山頂上等了一個多小時，逢人就問有沒有見到我。她兩手焦急地在圍裙上抹來抹去，眼睛愈瞇愈細，努力尋找我紅皮書包的蹤影。

我知道奶奶在發脾氣。她罵人的方式很奇特，會讓妳覺得一切都是妳的錯。她會提醒妳的所作所為替別人帶來了什麼後果，詳細列出別人有多少目標因為妳的自私而放棄。正當她還在用法語罵個沒完，我爸爸也回到山腳下了。他氣喘吁吁往上跑，手裡握著氣喘吸入器像迷你汽油彈一樣，邊跑還邊往後看，彷彿擔心有人跟蹤他。我趕緊躲到奶奶背後。

「她打掃完就離開學校了，」爸爸匆匆跑到妮妮面前說：「我試著按照她的路線走，但

＊譯註：原文為法文：Mais te voilà enfin! On t'attend depuis deux heures! Nous nous sommes inquiétés! Ta mère est déjà de retour! Papa est allé te chercher à l'école! Ton frère pleure!

四處都找不到她。」他顯然很激動，說到一半便停下來吸了一口吸入器。「我想有人在示威，」他低聲說道，並示意接下來的話等回屋裡再說。

「她回來了，」奶奶回答。

父親鬆了口氣，接著發現我躲在奶奶後面，表情立刻轉為嚴厲。

「回妳房間去，」他命令道。

「那不是示威，他們是**流莽**，」我嘟囔著走過院子，心想爸爸怎麼會用示威兩個字。

回到家，我發現媽媽正忙著大掃除，從閣樓裡將好幾年都沒見過的東西搬出來，包括一袋毛線、一把生鏽的梯子和爺爺大學時代留下來的書。我可以感覺她很激動。媽媽常用家事來化解心中的沮喪；愈沮喪，擺出的陣仗就愈大。如果是生別人的氣，她就會將鍋盤弄得哐啷作響，餐具掉地上就開罵，或將洗好的盤子甩進櫃子裡。如果是生自己的氣，她就會挪動家具，將桌子移到房間另一頭，椅子疊好，客廳的厚重地毯捲起來，以便刷地板。

「我看到**流莽**了，」我對她說，急著想跟她分享下午的冒險。

「地板是溼的，」她語氣很凶，還用拖把溼的那一端敲了我腳踝兩次，提醒我應該將鞋子脫在外面。

「但也可能不是流氓，」我一邊解鞋帶一邊說：「而是示威者。」

媽媽停下動作，一臉茫然看著我。

「流氓只有一個，就是妳，」她舉起拖把，朝我房間的方向比了兩下說道：「我們國家沒有示威者。」

我媽媽向來對政治漠不關心。過去只有我爸爸和我奶奶熱衷政治，不僅時常討論尼加拉瓜革命與福克蘭戰爭，還很興奮南非展開了種族隔離廢除談判。我爸爸說他如果是美國人，一定會拒絕接受徵召飛到越南打仗。我們很幸運，他經常強調，因為我們國家支持越共。他很喜歡取笑悲劇事件，開起反帝國主義政治的玩笑更是在我朋友之間聲名遠播。只要我邀朋友到家裡過夜，睡前躺在臥房床墊上，他就會開門探頭說：「晚安，巴勒斯坦難民營的朋友！」

然而，面對東方（我們都說「修正主義陣營」）近來的發展，我感覺事情變了。我隱約記得在義大利電視台上聽到團結工聯（Solidarność）的事，好像和工人示威有關。由於我們是工人國家，因此我想拿它當成「政治時事」週記的主題，應該很有意思。我們每週都要交這份作業。「我覺得這個主題不是很有意思，」我問爸爸有什麼看法，他告訴我：「我有另一個主題，我工作的村裡合作社，小麥產量超過了五年計畫的預定目標。雖然玉米產量不足，但還好有小麥補上。昨晚還上了新聞呢。」

只要提到示威，我爸爸媽媽就不大想回答問題，不是面露疲憊或厭倦，就是把電視關掉或音量調低到根本聽不見新聞在報什麼。感覺家裡只有我一個人好奇，想要靠家人替我解惑顯然是別指望了。比較聰明的辦法是等倫理課直接問諾拉老師，因為她總是可以給出直接了當的回答。而且她談起政治充滿熱情，我爸爸媽媽只有在南斯拉夫電視台上看到肥皂或乳霜廣告才會那麼興奮。我爸爸只要在斯科普里電視台（TV Skopje）看到廣告，尤其是個人衛生用品，就會立刻大喊：「廣告！廣告！（Reklama! Reklama!）」在廚房裡幹活的媽媽和奶奶就會立刻放下手邊事物衝進客廳，趕在最後一刻欣賞笑容燦爛的美麗女士示範如何洗手。要是她們一時走不開，趕來時廣告已經播完了，爸爸就會大聲辯解：「不是我的錯，我有喊妳們哦，是妳們自己太慢了！」這時兩邊就會開始互相批評。媽媽和奶奶抱怨**她們**趕不來還不是因為**他**從來不做家事。互相批評很快就會升級成人身攻擊，甚至吵架，並時常搭配螢幕裡南斯拉夫籃球隊選手得分的畫面，直到下一則廣告出現，三人立刻講和。爸爸什麼都能吵，除了政治。

回到臥房，我發現弟弟拉尼在哭。他一看見我就抹掉眼淚，問我有沒有拿餅乾回來。

「今天沒有，」我說：「我沒走那個方向。」他看上去又要哭了。

「我必須待在房間，」我說：「在這裡反省。你想聽故事嗎？一個騎在馬背上，看起來就像世界精神的人，但頭被人砍掉了。」

「我不想聽，」弟弟說，雙頰又爬滿淚水。「我會怕。我怕沒有頭的人。我想吃餅乾。」

「你想玩老師遊戲嗎？」我覺得有點愧疚，便向他提議。

拉尼點點頭。我們倆很喜歡玩老師遊戲。他會坐在我的書桌前，假裝自己是老師，一邊寫紀錄一邊看我寫作業。他特別喜歡歷史課。我只要背好歷史事件，就會將課文用歷史人物對話的方式演出來，而且通常會借助洋娃娃來扮演不同的角色。

那天作業裡的人物事件都不陌生。我們正在教阿爾巴尼亞二戰期間被法西斯義大利占領，尤其是第十任總理跟義大利勾結的歷史。諾拉老師說那個傢伙是賣國賊，趁國王索古（King Zog）出逃將阿爾巴尼亞的主權拱手讓給義大利。從索古統治開始，阿爾巴尼亞就不再追求成為真正自由的社會了。阿爾巴尼亞的愛國志士經歷了鄂圖曼帝國數百年奴役，又和列強抗爭了幾十年，終於在一九一二年放下種族和宗教歧異，團結起來同為獨立而戰。然而，諾拉老師接著說，索古卻剷除政敵獨攬大權，自封為阿爾巴尼亞國王，直到國家在通敵者協助下被法西斯占領。一九三九年四月七日，義大利正式入侵阿爾巴尼亞，無數軍人百姓奮勇抵抗義大利軍艦，用為數不多的武器對抗敵軍砲火，直到在防線上嚥下最後一口氣。然而，其他的阿爾巴尼亞人，那些之前為剝削嗜血的暴君賣命的仕紳、地主與商業菁英，卻急著迎接占領軍，忙著在新殖民政府裡搶位子。甚至還有人和前總理一樣，感謝義大利將國家從索古國王的重軛下解放出來。幾個月後，前總理於空襲中喪生。而我那天的歷史作業主題就是他和國王狼狽為奸，出賣國家，死時是個法西斯走狗的故事。

那天在學校裡，我們講到法西斯都非常激動，不僅討論熱烈，甚至充滿驕傲。老師要我們回去問家族裡有沒有親人曾經參戰或支援反抗運動。艾隆娜的爺爺十五歲就加入游擊隊，在山區對抗義大利侵略者。一九四四年，阿爾巴尼亞解放後，他又前往南斯拉夫協助當地的反抗勢力。艾隆娜的爺爺常到學校跟我們分享他的游擊隊經歷，以及阿爾巴尼亞和南斯拉夫如何成為唯二不靠同盟國協助打贏戰爭的國家。其他同學則是提到自己有伯公或姑媽供應反法西斯義士吃住，或是帶來當年為反抗運動而犧牲的年輕親人的衣物，包括襯衫、手工刺繡手帕和一封臨刑前幾小時寫給家人的遺書。

「我們家族有誰參與過反法西斯戰爭嗎？」我問爸爸媽媽。他們努力回想，在家族相簿裡東翻西找，四處詢問親戚，最後找到了穆斯塔法巴巴（Baba Mustafa），我嬸嬸表姊的舅舅。義大利人走了以後，德國人取而代之。某天下午，這位穆斯塔法巴巴讓一群剛攻擊完納粹部隊的游擊隊員進清真寺躲藏，因為他有鑰匙。我在班上興奮描述完這段往事之後，「妳說他是妳的誰？」艾隆娜問我。「他是做什麼的？怎麼會有清真寺的鑰匙？」同樣是我朋友的瑪西妲問。「那群游擊隊員後來怎麼了？」貝莎很想知道。她也是我朋友。我很想回答她們的問題，可惜知道的細節實在不夠多，滿足不了她們的好奇心。討論開始變得混亂，甚至不自在。幾番問答下來，我和穆斯塔法巴巴的親戚關係，還有他對反法西斯運動的貢獻，都開始變得微不足道，甚至誇大了起來。到最後我甚至有種感覺，連諾拉老師心裡都覺得穆斯塔法巴巴是我想像出來的。

每年五月五日是戰爭英雄紀念日，黨代表會到我們街坊慰問陣亡將士的家屬，讓他們知道自己親人的鮮血沒有白流。我總是坐在廚房窗邊，恨恨看著我的朋友穿著最漂亮的衣服，捧著大把的新鮮紅玫瑰，揮舞旗子，高唱反抗歌曲，領著黨代表到她們家裡。她們的爸爸媽媽會列隊和黨代表握手，拍攝官方照片，幾天後相簿就會寄到家裡來，讓她們帶到學校炫耀，而我什麼都沒有。

家裡沒有社會主義鬥士可以紀念就算了，偏偏那個阿爾巴尼亞賣國賊、第十任總理兼階級敵人，課堂討論人人得而恨之、唾棄之的國家叛徒，不僅恰巧和我同姓，而且還跟我爸爸同名，名字就叫查菲爾・烏琵（Xhaferr Ypi）。每學年只要他出現在課本裡，我就得耐心解釋雖然他與我同姓，但我們不是親戚。我爸爸叫查菲爾是因為他爺爺叫查菲爾，跟總理同名同姓完全是巧合。每學年哦，我恨死解釋這件事了。

我憋著氣讀完歷史作業，心裡盤算了一下，隨即抓起課本氣沖沖站起來說：「走，」我命令拉尼。「又是那個烏琵。」拉尼乖乖跟著我走出房間，嘴裡仍然咬著他用來塗鴉的那枝筆。我用力甩上房門，朝廚房走去。

「我明天不要去上學！」我說。

起先沒人理我。媽媽、爸爸和奶奶三人緊挨著彼此，背對我們坐在小橡木桌前搖搖晃晃的三張折疊椅上。他們手肘抵著桌子，兩手抱頭，頭離身體重心很遠，感覺就要和身體分離似的。他們三人彷彿正在集體進行神祕儀式，全神盯著眼前的某個神祕物體，只是那東西被他們身體遮住了看不見。

我等著聽他們對我的宣告有什麼反應，結果只換來「噓」的一聲。我掂起腳尖，脖子拉長往前看，結果發現桌子中央擺著家裡的收音機。

「我明天不要去上學！」

我提高音量，往廚房裡又走了幾步，手裡的歷史課本翻到有前總理照片那一頁。拉尼用腳跺了一下地板，共謀似的看了我一眼。爸爸猛地轉頭，臉上露出偷搞破壞被人抓到的愧疚表情，媽媽趕緊將收音機關掉。我只聽見最後幾個字是「政治多元」。

「誰准妳離開臥房的？」爸爸用恐嚇似的語氣說。

「還不又是他害的，」我不理會爸爸的斥責，繼續大聲說話，可是聲音開始發抖。「賣國賊烏琵。我明天不要去上學。我不想再浪費時間解釋**那個傢伙**跟我們家沒有關係。我已經跟所有人說過了，說了一遍又一遍，但他們還是一定會問，絕對會，好像從來沒有聽過也不曉得這件事一樣。他們一定會問。他們就是這樣。我已經解釋到不能再解釋了。」

這套說詞我用過很多次，每回遇到歷史、文學或倫理課就會搬出來用。但我爸爸媽媽總是不准我翹課。我知道他們這回也會拒絕。我無法向他們解釋，察覺到班上同學給我壓力是什麼感受，也無法向同學解釋，生活在一個過去似乎無關緊要，只有爭辯現在與計畫未來才重要的家庭裡是什麼感受。我更無法向自己解釋，當時在我心裡揮不去的那股感受——直到現在我才有辦法描述——家裡家外，我好像過著兩種人生，而不是一種。這兩種人生有時相輔相成，但大多數時候都和我無法完全理解的現實相斥。

我爸爸媽媽面面相覷。妮妮看了他們一眼，接著轉頭用堅定安撫的語氣對我說：

「妳當然要去上學。妳又沒做錯什麼。」

「**我們**都沒有做錯什麼。」媽媽糾正奶奶，隨即伸手比了比收音機，意思是她想繼續聽，我馬上就會成為廚房裡的不速之客。

「不是我的問題，」我不肯放棄。「也不是我們的問題，而是那個賣國賊。我們家族裡要是有誰是英雄，我就可以在班上講他的事，同學就不會一直問我和那個烏琵是什麼關係了。但我們家沒有英雄，甚至整個家族都沒有。我們沒有親人曾經為了自由而戰，甚至沒有人在乎這個家的自由。」

「妳這樣說不對，」爸爸回答：「我們家有人在乎，那個人就是妳。妳在乎自由，妳是自由鬥士。」

這場對話的結局早已經上演過幾百回：奶奶會說，就因為一個跟妳同姓的人而不去上學，根本沒道理。爸爸會用笑話轉移焦點，媽媽則是急著繼續剛才被我打斷的事。

但這回發生了一件意想不到的事。媽媽竟然放下收音機，起身轉頭對我說：「妳跟他們說，烏琵沒有做錯任何事。」

妮妮皺起眉頭，隨即一臉困惑看著爸爸。爸爸伸手去拿氣喘吸入器，不敢看她，接著滿臉擔憂轉頭看向媽媽。媽媽怒目回瞪，顯然料到自己的舉動會殺得大家措手不及。她不理會爸爸無聲的斥責，繼續往下說。

「他什麼都沒有做錯。他是法西斯分子嗎？我不曉得，也許吧。他曾為自由而戰嗎？那得看你怎麼定義。想要自由，你得先活著才行。也許他只是想救人。阿爾巴尼亞對抗義大利能有多少勝算？所有事情都取決於這一點。流血有什麼意義？我們國家已經被**法西斯分子**奪走了，市場也被他們控制了。是索古讓他們持有每家大型國營企業的股份。義大利食物早在他們的武器侵略前就已經進到我們國家了。我們這裡每條馬路都是法西斯分子鋪的。墨索里尼手下官員進占的公家建築，老早前全是他的建築師蓋的。所謂的法西斯**侵略**……」

媽媽說到「侵略」兩個字時，嘴角微微一撇，露出嘲諷的微笑。

「現在不要談這個，」妮妮打斷她的話，轉頭告訴我說：「重點是**妳**沒有做錯什麼，妳什麼都不用怕。」

「**他們**是誰？」我忍不住追問道。媽媽的話讓我既困惑又好奇。雖然她說的我一個字也聽不懂，但我很意外她竟然插口說了那麼多，如此長篇大論很不像她。這是我頭一回聽她對政治和歷史發表意見。我從來不曉得她對這兩件事有看法。

「他們說索古是暴君，是法西斯，」媽媽無視我的問題和妮妮的警告，繼續往下說：「既然如此，那又何必對抗另一個暴君呢？又何必為了一個名存實亡的國家的獨立而戰？真正的人民之敵——別拉我袖子，」她說到一半忽然停下，轉頭狠狠瞪著爸爸。爸爸這會兒已經站到她身旁，呼吸開始急促。「他們說他是叛徒，哼……」

「**他們**是誰？」我又問了一次，心裡更迷惑了。

「他們，他們是……她是說修正主義者，」爸爸慌忙替媽媽解釋，接著面露遲疑，不曉得如何往下說，於是便轉移話題。「我要妳在臥房裡反省，為什麼跑出來？」

「我反省了。我明天不要去上學。」

媽媽冷笑一聲，隨即離開桌前，開始摔鍋撞碗，乒乒乓乓將餐具甩進櫃子裡。

隔天早上，妮妮沒有像平常一樣叫我起床上學。雖然她沒有解釋為什麼，但我知道有地方變了。昨天發生了某件事，讓我對這個家和對我爸爸媽媽的看法改變了。我不曉得這件事跟我遇見史達林、那個廣播節目或那位我怎麼甩也甩不掉的前總理有沒有關係。我很好奇爸爸和奶奶講起示威為何要壓低聲音，還有他為何不叫他們流氓。我很好奇媽媽為何要替法西斯政客的行為說話。她怎麼能同情人民的壓迫者？

接下來幾天，示威愈演愈烈，連國家電視台也開始用示威兩字來形容。整起活動由首都區的大學生發起，最終蔓延至全國。據說工人也準備離開工廠，和年輕人一起上街。學生們原本只想表達對糧食短缺、宿舍暖氣不足、教室經常停電等問題的不滿，但始於經濟問題的行動很快就走了樣，成為一波波訴求改變的聲浪，只是連訴求者也不清楚要改變什麼。知名學者和前黨代表破天荒接受美國之音專訪，指出不應該將學生的抱怨看成只是不滿於經濟。他們認為，這場運動的目的是推翻一黨專政，追求政治多元。示威群眾想要**真正的**民主與**真正的**自由。

我從小一直以為家人和我一樣對黨忠誠，渴望報效國家，也和我一樣痛恨敵人，對家族裡沒有戰爭英雄可以紀念一事耿耿於懷。但這回不是如此。我對政治、國家和示威的疑問，對如何解釋眼前事件的好奇，都只換來簡短逃避的回覆。我想知道，明明諾拉老師說我們是地表上最自由的國家，為何還有人要求自由。我只要提到諾拉老師，家人就會翻白眼。我開始懷疑他們沒有能力回答我的問題，我再也不可以相信他們。我對國家的疑惑不僅從他們那裡得不到解答，我還開始納悶自己究竟生活在怎樣的家庭裡。由於懷疑他們，我連自己是誰也沒把握了。

我當年無法理解這些事，現在總算明白了。形塑我童年歲月的那些模式，建構我日常生活的隱形規則，還有我對那些用自身見解塑造我世界觀的人的看法，都在一九九〇年十二月一夕轉變。要說我是在抱了史達林那天長大成人，意識到生命的意義只能自己決定是有點誇大，但我至少可以說，我就是在那天失去了童真。我頭一回察覺，自由與民主或許不是我們當下所處的現實，而是某種我幾乎一無所知的神祕未來。

奶奶老是說，當我們不知如何思考未來，就必須回顧過去。我開始好奇自己的故事，好奇自己如何出生，這個世界在我出生之前又是如何。我試著回想細節，只是當時年紀太小，記憶很難正確，所以可能會搞混。這個故事我已經聽了成百上千遍。在那個定了型的現實世界裡，我逐漸找到自己的角色，不論那有多複雜。但這回不一樣。這回沒有任何定點，一切必須從頭開始，重新打造。這個故事裡沒有什麼時間發生了什麼事，只有尋找正確的問題，那些我從來沒想到要問的問題。

三、四七一小傳

我來自諾拉老師口中的「知識分子」家庭。「這個班上知識分子的小孩太多了，」她曾經在班上這樣說，臉上帶著微微不悅的表情。「知識分子，」爸爸安慰我說：「只是指上過大學的人。但妳不用擔心，因為所有人終究都是工人。我們都是工人國家的一分子。」

儘管我爸爸媽媽是道地的「知識分子」，因為他們兩人都讀過大學，但都不是讀他們想讀的科系。爸爸的情況比媽媽更複雜。他很有科學天分，中學就拿過國際數學、物理、化學和生物奧林匹亞競賽獎項。他想讀數學，但黨告訴他因為「出身」的關係，他必須成為真正的工人階級。我常聽爸爸媽媽和奶奶提起這個詞，卻一直不懂它是什麼意思，因為它用途太廣，反而很難搞清楚它在某個情境下是什麼意思。你如果問我爸爸媽媽，他們當初怎麼認識，又為何會結婚，他們會回答「出身」。媽媽準備履歷時，家人就會提醒她：「別忘了提一下妳的出身。」我要是在學校交了新朋友，爸爸媽媽就會互相探詢：「我們知道對方的出身嗎？」

出身又可以細分成高與低、好與壞、沒瑕疵或有汙點、相關或無關、透明或曖昧、可疑或可信、必須記得或應該遺忘。出身可以回答各式各樣的問題。少了它，知識就不是知識，而只是意見。有些詞彙，追問它的意思沒有意義。這些詞彙不是太基本，一看就明白它是什麼意思，就是問了會很丟臉，因為你聽了那麼多年還是不明白它的意思。出身就是這種詞彙，不論何時聽到，就只能接受。

我爸爸是獨子，名字叫查菲爾，和那個阿爾巴尼亞賣國賊同名，但大家都喊他查菲，讓他逃過一劫，不用每次自我介紹都得道歉。查菲是母親帶大的。一九四六年，查菲才三歲，他爸爸阿斯蘭就離家上大學了。我從來沒見過他。這就是查菲的出身。十五年後，阿斯蘭回到家裡，全家為他辦了派對，妮妮還塗了口紅。我爸爸從來沒見過他媽媽塗口紅，就說自己認不得她了，還說他覺得她像小丑，以後不准跟他們住。結果他和他爸爸大吵一架，妮妮把口紅擦掉，從此再也不化妝。後來這兩個男人還是經常吵架。我爸爸認為對方沒有資格管他，而我爺爺則說我爸爸的意志力「跟奶油一樣」，整天活得像頭「快樂豬」。妮妮很喜歡引用老公的話：「寧可當個痛苦的人，也不要當頭快樂的豬。」但我爸爸看起來一點也不像特別快樂，反而經常很焦慮。這時他氣喘就會變嚴重，而且會拚命掩飾。

查菲很小就得了氣喘。那陣子黨要他和妮妮搬出家裡，住進一間發霉的穀倉。這也是他的出身。事發時我爺爺並不在家，但他後來顯然說過，許多人都有氣喘，我爸爸不應該老是抱怨。他還說爸爸應該天天感謝政府，慶幸自己生活在社會主義裡。要是活在西方，爸爸就會變成流浪漢，在橋下唱把逋狄倫（bobdylan）的歌賺錢。我發現這部分也很神祕，因為他們不僅從頭到尾都沒解釋把逋狄倫是什麼，而且爸爸根本是音癡，也從來沒學過樂器。他只迷兩件事，而且都曾經試著教我：一是「像小阿里一樣」的蝴蝶步，二是解代數題的方法，他稱之為「神奇的韋達公式」。蝴蝶步是拳擊步伐，但我常常剛覺得自己學會了就得暫停，因為爸爸快沒氣了。至於公式，我每回都得學好幾天，甚至好幾週，而且我學得愈挫折，他就愈興奮。

爸爸之所以出身複雜，不是因為有人不准他上大學，而是他照樣去了。開學前幾天，爸爸出現在一群醫師面前，奶奶告訴那些人，如果他們不讓我爸爸上大學，他就會自殺。於是那群醫師問了爸爸幾個問題，接著就讓他帶著一封信離開，信裡指示相關人員讓爸爸接受高等教育。但他不能讀數學，因為讀數學之後可以當老師，而他的出身不允許他當老師。後來他被分派去做林務。這對他來說顯然夠好了，因為他再也沒有自殺的念頭。他每天從卡瓦亞（Kavajë）小鎮通勤到地拉那上班。卡瓦亞除了他的家人，還住著許多和他出身相近的家庭。

我爸爸有多喜歡數學，我媽媽就有多痛恨這門學科。這點也很不幸，因為她不僅大學必須讀數學系，在中學教的也是數學。我媽媽可以當老師，而我爸爸不可以，這就暗示她出身比他還好，但也只好上一點。要是他們兩人出身懸殊，就不可能結婚了。我媽媽喜歡席勒和歌德，會去聽莫札特與貝多芬的音樂會，也曾經和來訪先鋒之家（the House of Pioneers）的蘇聯人學吉他。不過，那是蘇聯共產黨第二十次全國代表大會後不久，我們和蘇聯斷交前的事了。黨雖然准我媽媽讀文學，但她爸爸媽媽鼓勵她轉系，因為當時她家經濟有困難，而且轉讀科學可以拿獎學金。

我媽媽家有七個小孩，五女兩男，她排行老三。她母親諾娜．弗奇（Nona Fozi）在化學工廠工作，父親則是水溝清潔工，我們都喊他巴奇（Baçi）。我媽媽小時候的照片很少，照片裡的她看上去又瘦又弱，黑眼圈非常明顯，好像貧血症。她從來不提自己的童年，不過肯定很悲慘，因為爸爸有次提議看一部孟加拉大飢荒的歷史紀錄片，她回答說：「查菲，我知道飢餓是什麼，不需要看電視。」她基本上對電視沒有好感，唯一例外是南斯拉夫頻道播放的美國《朝代》影集，理由不全然是劇情，而是她喜歡研究劇裡的室內裝潢。「那裝潢真的好美，」她會露出憧憬的表情說：「好美好美。」

我媽媽一家人，跟他們的奶奶、外婆和她爸爸的堂弟胡森（Hysen）住在一起，收入也一起共享。胡森十三歲失去父母，從此就住在我媽媽家。我媽媽非常喜歡胡森。戰時出生的她從婦產科醫院回到家，胡森沒有喊她名字薇歐莎（Vjollca），而是形容她跟洋娃娃一樣漂亮。於是她就得到了多麗（Doli）這個綽號，所有人都這樣叫她。胡森上過維也納的寄宿學校，曾經教我媽媽跳華爾滋，用德文朗誦歌德的《魔王》。她有時會在家裡邊走邊唱：「是誰在深夜風中疾馳？是父親和他孩子*。」而且是高聲問細聲答。我一直以為這首詩是在講一個睡不著的孩子，直到某年冬天夜晚，窗外刮著風雨，我們用火烤栗子，她才朗讀整首詩，並翻譯給我聽。我現在只要想起最後兩句，依然會脊骨發涼：「最後他又憂又怕回到家裡，但懷裡的孩子已然死去。」

我媽媽和胡森還都喜歡用廢紙做東西，例如車、船、火車和飛機，再用想像力帶著它們去旅行。胡森精神有點問題，而且經常中風，只要中風就會陷入沉睡，感覺很像昏迷。醒來之後，他起先只說德語，接著變成德語和阿爾巴尼亞文交雜。等他恢復到可以下床，就會和我媽媽一起畫他們居住的杜勒斯市的地圖，圈出周邊某些地區，畫上建築及道路，然後摺紙船，並說船上載著全家族的黃金。他們做的每艘船都叫提烏塔（Teuta），也就是派海盜攻擊羅馬人的伊利里亞女王，只是編號不同，例如提烏塔一號、提烏塔二號、提烏塔三號等等。我媽媽說，胡森告訴她，這是為了「承平時代」做準備，並且保證到了承平時代，她和她的兄弟姊妹就會住進城堡，每天打扮成王子公主，騎著賽馬在自己家的土地上漫遊閒晃。每當胡森講起「承平」時代的希望，我媽媽就會忘了自己已經一整天沒有吃飯。

胡森還教我媽媽下西洋棋，家人也鼓勵她加入城裡的西洋棋俱樂部，不僅可以拿到免費的運動服，還能四處參加比賽。她廿二歲拿下全國冠軍，並連續幾年衛冕。我到現在還記得她在體育宮（the Palace of Sport）指導年輕棋手的模樣，看她遊走在一排排桌子之間，大廳裡除了她鞋跟踏地的規律聲響，就只有木製大計時器的滴答聲。每對小棋手她都會默默觀察幾分鐘，只要看見哪一方快下錯，她就會用手指輕敲可能被吃掉的騎士或主教，然後移動到下一桌。「下棋是頭腦運動，」她為了鼓勵我下棋，總是這麼對我說。而我要是趁她分心指導其他小孩，溜到別的房間看人打乒乓球，她就會很氣惱。「下棋的美妙之處，」她一直強調：「就在它完全取決於你，和出身無關。」

我媽媽只要身體不舒服，講起哪裡起變化，往往就和她講解棋步基本走法一樣精準、冰

＊ 譯註：原文為德文：Wer reitet so spät durch Nacht und Wind? Es ist der Vater mit seinem Kind.

冷又單調，永遠只描述發生了什麼，不提自己的感受。她很少抱怨，我也從來沒見她哭過。她身上總是散發著無比自信與絕對的權威，讓人不由得感覺服從她是對的，挑戰她對自己沒有好處。所有事情永遠在她掌握之中，永遠，只有一次例外——就是我出生那時。預定入院待產那天早上，我媽媽將自己鎖在浴室，努力梳出她前陣子在電視上看到某位女士的髮型。那位女士後來成為英國第一位女首相。由於我媽媽很少梳頭髮，更別說做造型了，因此梳頭就算不代表她很驚慌，也顯示她頭一回如此緊張。

一九七九年九月八日，翻開《人民之聲（*Zëri i Popullit*）》，你會看到我們的黨報報導羅德西亞在種族主義者穆佐雷瓦（Abel Muzorewa）的率領下對莫三比克發動攻擊、批評美國進行新的核試爆、指出休士頓警局最近的貪腐案是資本主義衰亡的徵兆，同時斥責馬德里紡織廠的剝削童工事件。另外，報上還刊出長篇社論，譴責美國之音與俄新社是世界兩大超級強國的意識形態武器。國外新聞版則報導了全球各地的罷工行動，從鹿特丹的造船工人、英屬利蘭的技工到秘魯、哥斯大黎加和哥倫比亞的老師，在在發出團結的信號。就在這天早上十點，我呱呱降臨了這個世界。

我爸爸媽媽花了幾年才懷上孩子。他老愛說大概從一九七五年八月赫爾辛基協議簽訂前後開始算吧。我出生時，醫師說存活率只有百分之三十，因此他們不敢給我取名字，但還是慶祝醫院為我編了號：四七一。只有死去的嬰兒沒有編號。既然我還沒死，所以還是值得慶祝。

「我們難過了幾十年，」奶奶後來說：「直到妳出生才獲得了希望。希望是爭取來的，但它有時會變成幻覺，變得很危險。一切都看你如何詮釋事實。」四七一足以給我家人希望，不過也只是希望。

我一出生就和我媽媽分開了。她留在產房等待術後恢復，我則被送到另一家醫院，身體和好幾台機器連在一起，卻始終沒有好轉的跡象。最後奶奶決定請醫院准她帶我回家。當我離開保溫箱時，已經在醫院待了五個月，體重不到三公斤，體型還跟新生兒一樣，存活率提高到百分之五十。「跟德黑蘭的美國外交官一樣，」爸爸後來開玩笑。「幸好妮妮堅持，不然妳可能還會被醫院挾持更久。」妮妮的要求會被接受，就我們家的出身而言算是一個好兆頭。

我出生後頭幾個月，爸爸媽媽向一位前合作社員工租了一間臥房，改裝成加護病房。爸爸從院子裡搬木柴來讓火不要中斷，媽媽熬夜替我織衣服，奶奶則是看到什麼都拿去消毒：除了餐具、剪刀、鍋子與壺罐，連槌子和起子之類不相干的東西也不放過。訪客必須戴上口罩才准入內，但由於口罩很難買，因此很快就沒有訪客上門了。

「幸好有你們當她家人，否則這孩子一定活不了，」我一歲生日那天，定期來檢查我身體狀況的艾爾維拉醫師說。「恭喜！你們再也不用叫她四七一了。你瞧那胖嘟嘟的臉蛋，我看可以改叫『青椒塞肉』了。」

我小時候一定打過很詭異的疫苗，因為除了出生後那幾個月，我幾乎再也沒生過病。童年的我實在太少生病，甚至開始美化各種疾病，覺得療養是少數人才有的特權，不知要克服多少挑戰才配得上發燒、咳嗽，甚至只是喉嚨痛。只要我班上開始有人得傳染病，我就會問那些請假的同學，可不可以多抱抱他們，以便被傳染。雖然次數非常少，但只要我真的被傳染了，我就會待在家裡喝月桂葉茶，要奶奶講四七一怎麼從差點死掉變成青椒塞肉的故事。我很好奇，「我是怎樣的出身？」而奶奶第一句話總是：「妳是早產兒。」「我們還沒準備好，妳就來了。除此之外，妳目前出身夠好了。」

直到我發現艾隆娜失去母親的經過跟我媽媽和我的情況很像，我才明白事情的發展有可能完全不同，自己能活下來是驚險的奇蹟。不過，妮妮從來不認為那是奇蹟，總是堅持事情只會這樣發展，不會有其他可能。每回講到我出生後的頭幾個月，她總是將其間因果講得確鑿萬分，感覺就像是科學理論分析、自然法則再現，而不是不一定會如此發展的一連串事件。成功永遠是對的人做了對的決定，為了真正有希望的事情而努力，總是能在事實裡區分希望與幻想。

不論發生什麼，奶奶說，我們永遠都是自己命運的主宰。「出身」對一個人明白自己生命的限制很重要，但只要明白這些限制，你就擁有選擇的自由，必須為自己的決定負責。人生有得也有失。你必須學會不被勝利沖昏頭，並懂得接受失敗。就像我媽媽描述棋步那樣，當你掌握了生命的遊戲規則，結果如何就操之在你。

四、恩維爾叔叔永遠離開了

「大事不好了，」我們的幼稚園老師芙蘿拉一邊說著，一邊催促五、六歲的小朋友在圍成半圓形的彩色木椅上坐好。那天是一九八五年四月十一日。「恩維爾叔叔……他……他永遠離開我們了。」芙蘿拉老師彷彿快斷氣似的擠出這最後一句話，說完便重重坐在其中一張小椅子上，一手摀著胸口好像心臟在痛，同時不停搖頭，深深吸氣、吐氣、吸氣、吐氣，接著是漫長的沉默。

不久後，她一臉堅毅站了起來，揉揉眼睛。經過剛才那幾分鐘沉默，芙蘿拉老師完全變了個人。「孩子們，」她語氣嚴肅地說：「注意聽好了。這件事很重要，你們一定要聽明白，恩維爾叔叔過世了，但他做的事情還在，黨也還在，我們所有人都會繼續他做的事，效法他的榜樣。」

我們那天談了許多關於死亡的事。我朋友瑪西妲的爸爸雖然是鞋匠，但她爺爺在宗教遭到廢止前，曾經是當地清真寺的教長。她說以前的人相信人死了不是真的死掉。廢話，我們聽完就說，我們當然不會死。我們的做的事就和恩維爾叔叔做的事一樣，會繼續下去。

但瑪西妲說，她不是這個意思。她想說的不是我們死了，我們做的事會繼續存在，而是人死後會有一部分繼續活著，而且會去另一個地方。至於會去哪裡，就看你生前表現如何。她忘了繼續活著的那部分叫做什麼，但她爺爺曾經向她解釋過。

我們都不相信。去到另一個地方？「人死了怎麼去另一個地方？」我問道：「人死了就不能動了，會被直接放進棺材裡。」

「妳有真的見過死人嗎？」瑪西妲問。

我說沒有，但我見過棺材，而且見過棺材去了哪裡，用繩子垂到很深的地下。我是星期天去墓園看我爺爺的墓時見到的。我還見過小孩的墓，並曾經用地上撿到的玻璃去刮墳墓的大理石，結果被奶奶罵。墓碑上有黑白照片，照片裡是一個頭髮綁著大緞帶、臉上掛著笑的小女孩。我也有一條很像的緞帶。她是從樹上摔下來死的。妮妮告訴我，這就是為什麼會有墓園的理由，因為這樣我們才知道死去的人在哪裡，可以造訪他們的墓地，跟他們說我們正在繼續他們做的事。

瑪西妲說她也見過棺材，而且很多次。她不僅見到大人用的棺材，還曾經有一回見到一具紅色的棺材，比其他棺材還小還輕，只需要一個人就可以扛起來。

這時，另一位朋友貝莎開口了。她比我們年紀大一點。她說她真的見過死人，那個人就是她叔叔。當時她從鑰匙孔往房間看，發現她叔叔正等著梳洗，換上最好的衣服，然後放進棺材裡。他動也不動躺在沙發上，而棺材就開著擺在他旁邊。他身體跟粉筆一樣白，頭上有血，因為他不久前才為了工作爬上電線桿，結果摔了下來。「嬸嬸抱怨在場的同事沒有人替叔叔把眼睛闔上，」貝莎說：「他不可能有哪個部分去到哪裡。」

「沒錯，」我點頭道：「我奶奶跟我說，人死了埋了以後，蟲子就會來吃他們，之後他們會溶進土裡，變成肥料，幫助其他東西生長，例如花或植物之類的，不可能去什麼地方，」我堅持道。

「再說，死人很臭，」貝莎接著說：「我叔叔死掉的時候，我聽見嬸嬸說必須快點辦喪禮，如果不立刻將他埋了，就會開始發臭。」

「嗯，」我說：「我家有一回停電，結果冰箱裡的義大利香腸臭掉了，臭到我爸爸用曬衣夾夾住鼻子，嘴巴張得很開，不停大口吸氣，而且一直喊救命！」

所有人都笑了。芙蘿拉老師聽見了就叫我們到牆角面壁思過。她說，面對國家如此傷痛的一天，我們怎麼可以嘻嘻笑笑。回家之後，我跟奶奶說恩維爾叔叔過世了，而我因為家裡冰箱臭掉的義大利香腸，被老師罰站。我說著忍不住淚流滿面，不知道是因為搞不清狀況被罵覺得很丟臉，為了失去恩維爾叔叔而難過，還是兩者都有，或是為了完全無關的其他事情而落淚。

那是我們第一次談到死亡和死後的事。同樣的談話幾年後在學校又發生了一次。諾拉老師告訴我們，以前的人會聚在名為教堂或清真寺的大房子裡唱歌吟詩，獻給某個叫做神的人或東西。我們必須小心分辨，不要把這個神和希臘神話裡的神祇搞混了，像是宙斯、希拉或波賽頓等等。沒有人知道那個神的長相，每個人想像都不一樣。有些人，例如天主教徒和東正教徒，認為那個神有個一半是人的兒子。其他人，例如穆斯林，則相信那個神無所不在，從最小的粒子到整個宇宙都有祂。還有些人認為那個神會創造一個王，在世界末日拯救他們猶太人。這幾群人認定的先知也不一樣。以前各個宗教鬥爭得很厲害，經常為了爭執誰相信的才是真先知而屠殺或傷害無辜。但我們國家沒有這種事。在我們國家，天主教徒、東正教徒、穆斯林和猶太人總是互相尊重，因為他們重視國家勝過對於神的長相的爭論。之後黨來了，更多人開始讀書識字。這些人愈了解世界如何運作，就愈發現宗教是一種幻覺，方便有錢有勢的人給予窮人錯誤的希望，以為來生可以得到正義與幸福。

我們問諾拉老師，人死後是否有來生。

「沒有，」諾拉老師用她一貫的堅定口吻回答道。她告訴我們，這種說法只是一種手段，用來阻止人在僅有的這一生為自己的權益奮鬥，讓有錢人得利而已。

資本家雖然不一定相信神，卻希望留著祂，因為這樣更容易剝削工人，將他們造成的苦難推到那個神祕人物頭上。但百姓只要讀書識字，加上黨的領導，就再也不用倚靠神，再也不會相信各種迷信，例如惡魔之眼或攜帶蒜頭能驅趕霉運等等。這些迷信都讓人假裝自己沒有自由，受超自然力量控制，沒辦法做對的事。幸好我們有黨幫忙，讓我們明白神只是一種發明，目的在讓我們恐懼，依賴那些宣稱自己能翻譯神的話語或解釋其律法的人。

「可是要完全拋開神真的很難，」諾拉老師接著說：「有些人，例如反動主義者，他們依然相信神。黨壯大有能力對抗這些人之後，就主動將這些宗教會所變成培訓年輕人的空間，教會變成運動中心，清真寺變成大會堂。這就是不僅神不存在，」諾拉老師總結道：「而且我們國家也沒有教會或清真寺的原因，我們把那些地方都毀了。」她微微提高音量：「我們永遠不能再重拾那些退步的習俗。不論在哪裡，神都不存在。沒有神，沒有來生，也沒有靈魂不朽。人死了就是死了，只有我們完成的事情、我們開創的計畫、我們留給後人繼續追求的理念會永遠活著。」

放學回家路上，偶爾當我經過黨部大樓，抬頭望向其中一扇窗戶時，我都會回想諾拉老師說過的話。我會直覺往窗戶看，因為我和媽媽每回經過這裡，她都會這樣做。不知為何，黨部大樓總是讓我想到神，想到來生。事情的緣起是某個星期天，我們一家人照例出門，我騎著單車跟在爸爸媽媽後面，忽然聽見媽媽低聲對爸爸說：「不是，不是有花盆那扇窗，是另一扇。他用阿拉伯文大喊『阿拉花瓜（Allahu Akbar）』！」

「阿拉花瓜，」她又說了一次。

「他是誰？」我繼續踩著踏板，一邊問：「阿拉花瓜又是什麼意思？」

爸爸忽然轉頭。「沒有，」他說：「這句話沒有任何意思。」

「你們剛才明明說了阿拉花瓜，」我不肯放棄，將車騎到爸爸面前停了下來。

「偷聽大人講話是壞習慣，」爸爸顯然動怒了。「阿拉花瓜是以前信神的人會說的話，意思是真主至大，也就是贊同頌揚神的偉大。」

「你是說跟『共產黨萬歲』一樣嗎？」我問。

「神跟黨不一樣，」爸爸解釋道：「阿拉花瓜是穆斯林禱告時說的話。妳應該知道宗教分成很多種，諾拉老師在倫理課上跟你們解釋過，」他說：「阿拉是阿拉伯文神的意思。」

「我們認識的人裡頭，有誰以前是穆斯林嗎？」

「我們就是穆斯林，」媽媽看見我鞋子上有泥巴，便從袋子裡掏出手帕把泥巴擦掉。

「我們**曾經**是穆斯林，」爸爸糾正她：「阿爾巴尼亞大部分人都是。」

我問穆斯林相不相信來生。媽媽彎腰擦著我的鞋尖，一邊點點頭。

「那他們就跟其他相信別種神的人一樣蠢，」我掙脫媽媽的手，全速朝前騎去。

每當我放學回家經過黨部，就會想到五樓窗戶那個大喊「阿拉花瓜」的男人。我覺得這些宗教狂熱者真的很怪，明明對神的模樣沒有共識，卻都相信人死後有一部分會繼續活著。如果你問我，什麼事能讓小孩接受宗教的荒謬，認同神存在的可笑信仰，我想應該是死後有來生。學校教我們從演化的角度看待萬物興衰，透過達爾文的眼睛審視自然，馬克思的眼睛檢視歷史。我們學習分辨科學與神話、理性與偏見、合理懷疑與偏執迷信。老師告訴我們，集體努力可以讓正確的思想與抱負留存下來，但個人生命永遠會有盡頭，就像鳥獸與昆蟲。相信人的命運和其他萬物不同，只會犧牲科學與理性，成為神話和教條的奴隸。科學與理性才是關鍵。唯有藉助科學與理性，我們才能得知自然與世界的真貌；而且知道得愈多，就愈能解釋與掌控過去認為神祕難解的事物。

「妳懂嗎？」我記得恩維爾．霍查過世那天，我哭著對妮妮說：「恩維爾叔叔死掉了，雖然他做的事會永遠繼續下去，但我想見他一面的願望永遠不會實現了。」

奶奶催我吃午餐。她不停稱讚自己做的餡餅（byrek）。「我嚐過一口，」她說：「很好吃。」

我不曉得她怎麼還吃得下東西，怎麼還想著食物？我太難過了，一點也不餓。恩維爾叔叔永遠離開了。我很喜歡他的書，這下永遠等不到他簽名了。我們家客廳連一張他的肖像也沒有。我會很想他。「我要從他寫給先鋒戰友的書裡剪一張他的照片，拿去裱框，」我大聲說道：「然後擺在床頭。」

妮妮不再催我吃午餐了。「妳說得對，」她說：「我其實也不餓，只吃了一口。」但她決心勸阻我剪照片。「我們家不准破壞書。」

兩天後，政府舉行了國葬。原本多日晴朗的天氣，開始懶懶下起雨來。我們從電視螢幕上看見成千上萬的民眾聚集在地拉那大道兩旁，目送著葬禮隊伍：軍人在流淚，老婆婆嚎啕大哭，絕望地抓著臉，大學生兩眼茫然。畫面伴隨著交響樂進行曲。記者不是沉默，就是說話很慢，有如一邊疲憊地推著巨石上山、一邊還要發表評論的薛西弗斯。「就連自然也在哀悼我們失去了當代最偉大的革命家，」播報者說，接著停頓許久，畫面裡只聽見進行曲的樂音。「每年五月一日，恩維爾同志一出現在講壇上，天氣就會變，太陽會從雲層裡露出臉來。但今天連天空都在哭泣，雨水和淚水融合在一起。」

我們全家默默看著電視。

「國家痛失了最出色的兒子、現代阿爾巴尼亞的國父、組織人民對抗法西斯義大利的英明戰略家、擊退納粹的英勇將軍、不屑於機會主義與宗派主義的革命思想家、為了國家尊嚴對抗南斯拉夫修正主義分子妄圖併吞我們心愛國家的政治家，他從未屈服於英美帝國主義的陰謀，也不曾向蘇聯和中國修正主義者的壓力投降。」鏡頭先是對準覆著一大面阿爾巴尼亞國旗的棺木，接著掃過政治局官員神色哀戚的臉龐，然後是即將發言的新任總書記。音樂沒有中斷。過了一會兒，播報員打起精神，接著往下說：「恩維爾同志既為國家奉獻，也為國際無產階級團結效力。他知道民族自決是唯一的道路，同時必須和社會主義的內外敵人不懈地戰鬥。如今，恩維爾同志將戰鬥交到了我們手上。我們將永懷他的英明領導、睿智話語、革命熱情與溫暖的微笑。我們將永遠懷念他。悲慟是劇烈的，我們必須學會化痛苦為力量。但明天再開始吧，今天這份悲慟實在太沉重了。」

「我知道了！」媽媽突然打破沉默。「我一直在想到底是什麼。是貝多芬的第三號交響曲。我是說送葬進行曲，是貝多芬。」

「不對，」爸爸立刻反駁，彷彿早就等著媽媽開口似的。「是那位阿爾巴尼亞作曲家。我不記得是哪一首，但之前聽過，不是新創曲，」他補充道。只要有機會反駁她，他語氣就會特別興奮。

「查菲，你根本搞不清狀況，」媽媽回答：「完全就是個音癡。你上回去聽古典樂演奏會是什麼時候了？你只會聽廣播體育節目的配樂。現在播的是貝多芬第三號《英雄》交響曲的第二樂章，名字就叫〈送葬進行曲〉。」

爸爸正想再次反駁，妮妮突然插話說媽媽才是對的。「這是貝多芬為了向拿破崙致敬而做的交響曲。我也聽出來了，因為阿斯蘭很愛這首曲子。」只要提到爺爺，家人間的爭執就會立刻煙消雲散。

「你們真的會帶我到墓前致意嗎？」我開口問。我眼眶含淚，癱坐在移動的螢幕畫面前，心想我家人怎麼沒哭，而是在討論音樂。

「星期天，」奶奶有些心不在焉地回答。

「這麼快？星期天就可以去了嗎？」

「不是恩維爾叔叔那裡，」奶奶修正道：「我以為妳在講爺爺的墓。」

「接下來幾週，所有勞動聯合委員（work collectives）會去恩維爾同志墓前致意，」爸爸說：「輪到我的時候，我就帶妳一起去。」

接下來幾週，我一直等著那天到來。結果某天傍晚，爸爸下班回來說他已經去地拉那看過恩維爾同志的墓了。「你已經去過了？」我又氣又失望地問：「你說你會帶我去的，你說話不算話。」

「我有試過，」爸爸辯解道：「我們很早就出發了，搭第一班火車。我有來叫妳，但妳還在睡覺，沒有聽見。妮妮也試著叫妳起床，但妳只是動了一下，就翻身繼續睡了。我再不走就會遲到了，只好先出門。別擔心，青椒塞肉，我保證還有機會。」

我聽不進去，哭著說爸爸媽媽顯然沒有我那麼愛恩維爾叔叔，甚至根本不愛他。他們早上有叫我根本是騙人的，我說，因為他們昨晚如果有跟我說，今天要去看恩維爾叔叔的墓，我根本不會睡覺，聽到他們喊我一定立刻跳下床。他們其實根本不在乎，既不想去恩維爾叔叔的墓，也不想在家裡客廳擺他的照片。我已經求了幾百遍，說我想要一張恩維爾叔叔的裱框照片，他們一直都沒做。我所有朋友書架上都有他的照片，貝莎甚至有一張很大的合照，是上一屆黨代表大會她坐在恩維爾叔叔腿上拍的。她獻了一束玫瑰花給他，還讀了一首詩獻給黨。我從來沒去過黨代表大會，我們什麼都沒有。

爸爸媽媽試著安慰我。他們說他們和我一樣愛黨、愛恩維爾叔叔，我們家客廳沒有恩維爾叔叔的照片，只是因為需要放大。媽媽補上一句，而且我們需要夠漂亮的相框，因此只能訂做。一般藝品店裡賣的木製相框太普通，配不上恩維爾叔叔。「我們正在做，」爸爸跟著強調：「本來想在妳生日給妳一個驚喜。」

我搖搖頭，完全不相信他們。「你們才不會為了我生日那樣做，」我抹去淚水說：「我清楚得很，你們一定會忘記。你們都不愛恩維爾叔叔。你們顯然一點也不懷念他，否則早就把小照片擺出來，還會去買一張大的。」

爸爸媽媽互看一眼，似乎慌了手腳。「我跟妳說一個祕密，」妮妮說：「我曾經見過恩維爾叔叔。那已經是很多很多年前了，我和妳爺爺還很年輕。他們兩人是朋友。既然是朋友，我怎麼可能不愛他？」她答應我，有一天會拿他們往來的書信給我看。「可是，」妮妮接著說道：「妳也必須答應我一件事，就是妳再也不能對著我們或任何人，說我們不愛或不懷念恩維爾叔叔。」她英法語夾雜地說：「妳可以向我保證嗎*？」

*譯註：原文為法文加英文：Tu vas me donner ta parole d’ honneur, yes?

五、可口可樂罐

我的家人認同兩件事，有些規則比其他規則更重要，有些諾言會隨時間過去而失效。這點他們和其他人、全體社會，甚至整個國家沒有不同。而長大的難題之一，就在於找出哪些規則會隨時間失效，哪些會被更重要的義務所取代，哪些始終不可挑戰。

就拿購物來說吧。買東西永遠需要排隊。總是卡車還沒來，就有人開始排隊了，而你永遠都得乖乖排隊，除非你和老闆是朋友。這是基本規則，但也有漏洞可鑽。只要找到合適的替代物，就能離開隊伍去做自己的事。替代物可以是購物袋、罐子、磚頭或石塊。但隨之而來又有一條規則，所有人不僅熱烈贊同，而且立刻執行，那就是只要貨品來了，替代物便立即失效。不論你留的是袋子、罐子、磚頭或石塊，只要貨品一來，袋子就只是袋子，再也不能代表你。

排隊又分成相安無事和永遠有事兩種。第一種，社會秩序可以由物體代為維持。第二種，隊伍總是吵吵鬧鬧，氣氛熱烈喧囂；所有人都得隨時在場，手腳不停動作，以便觀察櫃台的動靜，看剛進來的貨品還剩多少。而老闆則是左右張望，看隊伍裡有沒有自己的朋友，是否需要優先照顧。

在我接受排隊制度訓練期間，曾經問過我們為什麼要在買乳酪的隊伍裡留一塊石頭，然後去買煤油的隊伍裡留一只罐子，可是兩個隊伍明明都相安無事。這時我才學到，隊伍可能排上一整天，有時還會排到晚上，甚至連續幾晚，因此必須用購物袋、容器或大小適當的石塊當替代物，否則只會累死自己。隊伍裡的物品隨時有人看著，大家輪流確保占位用的袋子、罐子或石頭不會被人偷偷移走或未經許可私自掉包。很少有人不守規矩。偶爾發生的話就會爆發爭吵，排隊就會變得混亂粗暴又冗長。所有人為了外觀相似的石頭、被無恥之徒用麻袋換掉的網袋、突然變成兩倍大的煤油罐而大打出手。

排隊時守規則或共同維持排隊規矩，都可能開啟一段長久的友誼。你在隊伍裡遇見的鄰居或共同擔任糾察隊時結交的朋友，很快就會成為你遇到各種麻煩時的求助對象，例如家中老人突然生病或小孩臨時需要照顧，或你蛋糕做到一半發現沒糖了，還是你需要跟人交換食物券，因為家裡儲存的某些食物吃完了，統統可以找對方幫忙。我們什麼都靠鄰居朋友協助。不論需要什麼，只要去敲他們的門，任何時間都行。就算他們幫不上忙，也會提供替代品或建議我們找誰求救。

還有其他場合也需要這種守規矩與不守規矩之間的巧妙平衡，例如上幼稚園或學校時穿著皺巴巴甚至有汙漬的制服、理髮師或爸爸媽媽替你剪了個疑似帝國主義風格的髮型，以及指甲超過可接受的長度或塗了罕見的修正主義色（如深紫色）指甲油。我後來發現，有些更一般的狀況也適用這套原則，像是男女是否真正平等、高階與低階黨員的意見是否分量相同、開黨或國家的玩笑到哪個程度可能後果嚴重，以及我當時的那個狀況——可以向誰透露自己家裡客廳擺了或沒擺誰的照片。

重點永遠是判斷需要遵守哪些規則，還有這些規則理論上是否會隨著時間變寬，是否如你所想的那麼嚴重，是否某些部分比較嚴、有些部分比較鬆，以及如何及時抓住區別，免得後悔莫及。對我們小孩而言，掌握守規則和不守規則之間的那條微妙界線，才是證明自己是否長大、成熟與社會整合成功的標記。

至於我，我是一九八五年八月某天晚上發現自己答應爸爸媽媽，絕對不向任何人透露他們無意用照片緬懷領袖，這個承諾絕對不能打破，而其他承諾比起來都不算什麼。當時那一天正要結束，我幾乎一整天都待在帕帕家一棵無花果樹上。

帕帕家（Papa）是我們最要好的鄰居。他們夫妻倆六十多歲；我出生時，他們的兒女都已經長大離家。我媽媽和帕帕夫人朵妮卡（Donika）有一次排隊買煤油，兩人合力對付她們認為想偷占位子的女人，因而成了朋友。朵妮卡和我媽媽一樣不相信人，旁人對她的第一印象就是她很凶。她身材矮矮胖胖，常和街坊起衝突，小孩都不喜歡她，不過她對我特別好。朵妮卡退休前在郵局工作，絕大部分時間都在對著故障的電話大吼：「哈囉？哈囉？」以致她發所有母音都帶「阿」音，而且字尾都會拉長，彷彿拉警報似的：哈拉、哈拉、哈拉。她喊我母親多麗的名字也變成：多拉、多拉、多拉。

朵妮卡丈夫米哈爾是地方上德高望重的黨幹部，留著和史達林有點像的濃密八字鬍，曾經參戰，殺死過許多敵人，獲頒十多枚獎章。我很喜歡玩那些獎章，不過他對獎章好像不是特別自豪。我很喜歡聽米哈爾說他殺死一名金髮納粹軍人的故事。那人名叫漢斯（Hans），臨終前米哈爾給他水，讓他洗去嘴角的鮮血，但漢斯拒絕了，反而喃喃說「希特勒萬歲」。我問米哈爾是怎麼殺死漢斯的，但他只想談對漢斯的最後印象，就是那細細的、還沒長全的八字鬍。「我當時八字鬍也還沒長全，」米哈爾補上一句。但我實在搞不懂，他講起漢斯為何近乎想念，彷彿對方不是被他殺死的仇敵，而是他逝去多年、曾經共享許多美好回憶的朋友。

帕帕夫婦經常借錢給我們，爸爸媽媽和奶奶不在時幫忙照顧我，也有我們家的鑰匙。夏天天黑得慢，我常待在他們家院子裡，從葡萄藤上摘葡萄吃，然後跟他們一起晚餐。米哈爾會讓我嚐一點茴香酒，讓我戴著他的游擊隊帽跳下桌。他們家院子的海景很美，還有一棵大無花果樹，果實很可口。米哈爾告訴我，只要爬到樹上就能看到夕陽，數一數進出港口的船有多少。但我始終找理由推託，因為我老是想起爺爺隔壁墓裡埋著的那個從樹上摔死的小女孩。

然而，一九八五年八月那天，我卻鼓起勇氣上了樹，而且硬是爬到樹頂。但我的目的不是看夕陽或數數港口裡有幾艘船，而是為了抗議。那年夏天，我們家和帕帕家完全不說話，因為六月底，我媽媽和朵妮卡吵了一架，後來甚至把兩家人都捲了進去，結果就是帕帕家完全不跟我家人講話，除了我以外。

吵架的緣由是一只可口可樂罐。六月中那天，我媽媽跟學校同事買了一只空可樂罐，價格就和你在紀念品店買一張我國民族英雄斯坎德培（Skanderbeg）的畫像差不多。那天下午，她一直和奶奶商量應該將罐子擺在哪裡，還有因為罐子是空的，要不要插一朵新鮮玫瑰當裝飾。最後她們覺得，插玫瑰雖然很有創意，但會讓人分心，忽略罐子本身的美學價值，因此兩人決定不加任何裝飾，直接擺在家裡刺繡最美的桌布上。

幾天後，可樂罐消失了，隨後便出現在帕帕家的電視機頂上。

帕帕夫婦可以進出我們家，知道我爺爺的舊外套在什麼地方，也知道我家的錢都藏在那件外套的口袋裡。他們還幫我們取得家裡私建部分的建築許可。我感覺他們對我們家的出身也知道不少，但我從來沒問過，因為我當時還不大了解出身的涵義，也不想讓自己難堪。米哈爾在地方黨員圈裡仍然很活躍，總是協助我爸爸媽媽應付公家機關的麻煩事，也常在黨和地方委員會裡替他們講話。

所有人都是當然地方委員，不過黨籍就有限制，只有出身好的人能成為黨員。我爸爸媽媽就入不了黨，但米哈爾是資深黨員，他對候選黨員的看法很有影響力，曾經差點就讓鄰居薇拉無法入黨，因為薇拉某次在委員會上指控我家是反動派，週日常找藉口不打掃。週日打掃理論上是個人選擇，實際上卻是屬於規則說什麼和你該做什麼完全相反的那種規矩。爸爸媽媽剛搬來這裡時，起初有點抓不到方向，但他們很快就搞明白了。

我家和帕帕家經常往來，週日一起清掃街道，街坊有婚喪喜慶也會一起去幫忙。婚禮通常在院子舉行，邀請數百名賓客。所有人都會出動，不是幫忙做晚餐，就是從學校搬長椅和桌子來，或是安排晚上管絃樂團的演奏場地。我們兩家總是一起搬長椅，晚宴和慶祝也都坐在一塊兒。小孩會唱歌跳舞直到天明。氣氛最熱鬧時，賓客會走到新娘身邊，掏出一張一百列克的鈔票在她面前揮舞，然後按習俗舔舔鈔票，貼在新娘額頭上。米哈爾總是也會在我額頭上貼鈔票，說我比新娘會跳舞，也比她聰明。

每年夏末，我媽媽和米哈爾經常共享佐料，一起做茴香酒。從蒸餾發酵的葡萄、等待酒精從壺嘴滴下到品嚐成酒濃淡的漫長過程中，他們會邊忙邊聊往事。我有回無意間聽見媽媽提到一九三〇年代的港口景象，還告訴米哈爾她家最大的那艘船目前還在載運出口貨物。我聽了一頭霧水，後來跑去問米哈爾，但他卻說兩人在聊板條箱（arka），不是船（varka），接著便問我想不想在桌上跳舞，讓他可以邊欣賞邊吃開胃小點（meze）。

我提這些是想凸顯一件事，就是我媽媽做夢也想不到有一天會指控帕帕夫婦偷竊。要不是被偷的是可樂罐，她也不會這樣做。可樂罐在當時是稀有物品，它的功能就更少人知道。可樂罐是社會地位的象徵：拿到的人會擺在客廳裡展示，通常用一條刺繡桌布墊在下頭，擺在電視或收音機頂上，旁邊則是恩維爾·霍查的照片。少了可樂罐，所有人的家看起來都一樣；粉刷顏色相同，家具也一樣。有了可樂罐就會改變，而且不只視覺上不同。嫉妒就會產生，懷疑就會浮現，信任就會瓦解。

「這是我家的罐子！」那天媽媽拿桿麵棍去還朵妮卡，看見她家電視上的紅色物品，立刻高喊：「我家的罐子怎麼會在這裡？」朵妮卡瞇起眼睛，彷彿看不見我媽媽手指的那個東西或不敢相信自己見到了什麼似的。「罐子是我的，」她驕傲反駁：「是我最近買的。」「是我最近買的，」我媽媽也說：「結果妳瞧它跑到了哪裡。」「妳是說罐子是我偷的？」朵妮卡咄咄逼問。「我是說妳的罐子其實是我的，」我媽媽回答。

她和朵妮卡從來沒有像那天吵得那麼凶過。兩人從電視機前一路吵到大馬路上，手裡揮著桿麵棍大聲咒罵，所有人都在一旁觀戰。朵妮卡大罵我媽媽是披著老師外衣的資產階級，我媽媽大吼朵妮卡是披著郵局制服的鄉巴佬。過了一會兒，證人出現了：一位在附近香菸工廠工作的鄰居表示，可樂罐是她賣給朵妮卡的，時間就在我媽媽買下可樂罐的隔天。

事已至此，我媽媽正式道歉。但朵妮卡和米哈爾拒不接受，因為他們嚥不下這口氣。兩人轉頭就走回家中，從此早上再也不在窗邊大喊，邀我爸爸媽媽去喝咖啡，排隊買東西遇到也當作沒看見。朵妮卡甚至還有一次假裝不認得我媽媽占位子用的完美大石頭，明明那塊石頭就是從她家拿的。我們始終沒有找到偷走我們家可樂罐的人，可是覺得再買一個並不安全，即使有它可以讓客廳大大生輝。我趁機要求弄一張恩維爾叔叔的照片，代替可樂罐擺在電視機頂上，但再次被我爸爸媽媽無視。

那年夏天，帕帕夫婦仍然讓我在院子裡爬樹，但不再邀我一起吃晚餐。我問米哈爾能不能玩他的獎章和游擊隊帽，他總回答下次再說。「這是尊嚴問題，他們踐踏了我們的尊嚴，」我有天無意間聽見他對朵妮卡說。我開始懷疑，帕帕夫婦其實不是氣我爸爸媽媽指控他們偷可樂罐，而是氣另一件事，比偷可樂罐更重要、我爸爸媽媽永遠無法償還或彌補的事。我的心好痛。我討厭看著朵妮卡排隊買乳酪時，從我媽媽面前冷冷走過。我很想念她沖好咖啡，站在窗口用那尖細的嗓音呼喚我媽媽：多拉、多拉，咖伐、咖伐。我爸爸媽媽也很心痛，只是他們不曉得該說什麼才能賠不是。

就這樣過了兩週，我決定親自解決這件事。我打算躲在帕帕家院子裡假裝走丟了，讓爸爸媽媽來找我。我心想，帕帕夫婦要是看見左鄰右舍統統出動，發現我爸爸媽媽找不到寶貝女兒心急如焚，或許也會一起找我，兩家人又會和好如初，就像之前一起清掃街道、同桌參加婚禮那樣。

這招果然管用。所有人找了好幾小時，什麼地方都找過了，獨獨沒看那棵無花果樹，因為他們覺得我絕不可能上去那裡。奶奶陷入絕望，爸爸在街上漫無目的亂找，手裡拿著氣喘吸入器渾身顫抖，就連向來不落淚的媽媽也快哭了。帕帕夫婦見到她那個樣子，立刻忘了可樂罐的事。朵妮卡抱著我媽媽——她從來不給人抱的——安撫她不會有事，大夥兒很快就會找到我的。這時，躲在樹上目睹這一切的我，覺得兩家人應該和解了，於是便從樹上爬下來。雖然我很小心，但還是劃傷和擦傷了膝蓋。當我兩腿淌血、雙眼泛淚出現在眾人面前，告訴大家自己的計畫，所有人都感動得無法自拔。我說我故意爬到無花果樹上假裝走丟，因為我再也受不了排隊時看見我家人和帕帕夫婦假裝不認識。我說我希望以後婚禮還能坐在他們旁邊，玩米哈爾的游擊隊帽，從他們家桌子跳到沙發上。帕帕夫婦聽完立刻說道：「沒關係，一切都原諒、都忘記吧。」連我奶奶也點頭同意。過去她遇到爭執，總是用法語說：「可以原諒，但不能遺忘（Pardonner oui, oublier jamais）。」

那天晚上，我爸爸媽媽邀請帕帕夫婦一起吃開胃小點。他們喝著茴香酒，大笑兩家人竟然為了可樂罐傷感情，真是蠢到極點。米哈爾舔了一張一百列克鈔票，貼在我額頭上，說我爬到無花果樹上既聰明又勇敢，接著又表示可樂罐是在帝國主義國家製造的，可能是敵人暗中輸入的武器，用來腐化我們阿爾巴尼亞人，破壞團結與信任。當時他們已經喝得酒酣耳熱，誰也不曉得米哈爾此話是否當真，但我記得所有人都笑了，舉起茴香酒敬帝國主義崩潰，接著又哈哈大笑。

不過，後來朵妮卡說她要把可樂罐給我媽媽，可一點也不是開玩笑。她說我們兩家人可以輪流展示，兩週擺在他們家電視機上，兩週擺在我們家。我媽媽拒絕了，堅稱我們沒資格接受這番好意。而且，她接著說，要是我們家的可樂罐還在，她一定會送給朵妮卡，讓她用自己的可樂罐裝鹽，用我們家的可樂罐裝胡椒，就像《朝代》影集裡偶爾會出現的調味罐組一樣。朵妮卡答說那倒不必，因為可樂罐已經變得有點太普遍，最近大家真的搶著要的是一種橘白兩色的罐子，但她不記得名字，好像叫芬他還是份達的。接著她便稱讚墊在可樂罐底下的那塊桌布，說它上頭不擺東西其實更好看。我媽媽繡的鬱金香很美，遮住它實在太可惜了。

「我們本來要放恩維爾叔叔的照片的，」我打斷大人談話，開心說道：「但他們就是不想跟恩維爾叔叔扯上關係——他們一直答應我會擺，可是都沒做到。我覺得他們不喜歡恩維爾叔叔。」米哈爾剛才誇我聰明，讓我勇氣百倍，於是話就這麼脫口而出。我手裡還玩弄著他給我的一百列克鈔票。

客廳裡立刻氣氛一變，所有人都怔住了。我媽媽原本還跟朵妮卡說說笑笑，說她有多想念對方做的果仁蜜餅（baklava），這會兒忽然閉嘴盯著朵妮卡，彷彿想看出對方心裡想什麼。正在廚房外推角落做菜的妮妮捧著一碗洗好的小黃瓜走了出來，兩手都在發抖。爸爸正想從盤裡再拿點橄欖和乳酪，聽到我說的話，手裡的叉子哐啷落在桌上。客廳裡霎時只聽見蚊子繞燈飛舞的嗡嗡低響。

米哈爾皺起眉頭轉身看我，臉上神情異常，甚至嚴厲。「妳過來，」他打破沉默，要我坐到他腿上。「我一直覺得妳是個聰明的孩子，剛才也誇妳今天表現得很有頭腦。但妳剛才說的那些話很不聰明，非常蠢，是我聽妳講過最蠢的話了。」我滿臉通紅，感覺臉頰在燃燒。「妳爸爸媽媽很愛恩維爾叔叔，也很愛黨。妳再也不准向任何人說妳剛才說的那些蠢話，否則妳就沒有資格玩我的獎章。」

我點點頭，身體開始顫抖，感覺就要哭了。米哈爾肯定從腿上察覺到了我身體顫動，後悔自己把話說重了，於是放柔語氣。「別哭，」他說：「妳是個勇敢的女孩，不是小寶寶了。妳長大後一定會為國為黨奮鬥。妳爸爸媽媽有時會犯錯，就像可樂罐事件那樣。但他們是辛勤工作的好人，把妳教得很好。他們是在社會主義底下長大的，愛黨也愛恩維爾叔叔。妳懂嗎？妳再也不准說妳剛才說的那些話了。」

我又點點頭，其他人還是沒開口。「來吧，」米哈爾說：「讓我們再次舉杯，祝福妳的未來不再被可口可樂分化。」他舉起杯子，但忽然準備飲酒的動作，彷彿想到另一件事，而且這事非常重要。「答應我，下回要是妳對家人又有類似的蠢念頭，一定要先來告訴我，而且只能先跟我說，連朵妮卡伯母也不能先講，知道嗎？」

六、馬穆阿策爾同志

「馬穆阿策爾（Mamuazel）＊同志，站住，你被捕了！」

弗拉穆張開雙手雙腳站在我面前。他左手拿著一根約莫他三倍高的木杖，右手緊抓著某個東西，但東西太小了，我看不見。

「把你的黃箭口香糖（Juicy Fruit）交出來，」他命令道。

「我看一下，」我一邊解開綁頭髮的紅緞帶，一邊伸手拿書包說：「我看一下，但我不確定我有黃箭。我可能有白箭（Wrigley Spearmint）或泡泡糖（Hubba Bubba）。」

「妳有，」他說：「我昨天看見瑪西妲給妳了。」

「我沒有黃箭，」我堅持道：「我可以給你泡泡糖，反正兩個很像。」我從洋裝口袋裡掏出另一張壓扁的彩色包裝紙，放到鼻子底下聞了聞，證明它還很新。那張包裝紙比平常

＊譯註：mamuazel，阿爾巴尼亞文裡對應法語 mademoiselle 的詞，意思是「小姐」。

橡膠與汗水混雜的味道好聞，幾乎可以讓你記起真正的口香糖。弗拉穆放開木杖，張開右拳，讓我看他蒐集的包裝紙，看自己有哪些珍藏。

「這真的很新，」我強調。弗拉穆一把拿走那張包裝紙，聞了起來。

「真～香～」他說：「妳覺得它放多久了？」

「我不確定，」我回答：「但不超過三個月，頂多四個月，這得看之前多少人拿過它，還有——」

「是啦，那當然，」他惡狠狠打斷我。「妳以為這種事只有妳知道，就因為妳會說法文？」

我知道這種挑釁千萬別回，因此只是繼續望著他，臉上擺出哀求的神情。我感覺淚水已經在眼眶打轉，但弗拉穆不只討厭綁緞帶的女生，更討厭「愛哭鬼」。我知道只要自己一哭，我所有的包裝紙收藏就保不住了。

「只要妳說出口令，我就不逮捕妳，」弗拉穆收走泡泡糖包裝紙說：「不能想，馬穆阿策爾同志，我沒看到妳解開緞帶。」

「口令，」我喃喃道：「口令是『法西斯去死，還人民自由』。」

這是我人生最早的記憶之一。之所以記得這麼清楚，可能因為當時同樣或類似的場景幾乎每天發生。弗拉穆是我們那裡第二可怕的小霸王。第一可怕的亞利安年長我們幾歲，我們在街邊玩耍很少見到他。只要亞利安出現，不是某個小孩的跳繩被沒收，就是跳房子遊戲被打斷，所有人立刻回家，因為天黑了，或是命令我們不准再玩打架籃球（Fight Ball），改玩法西斯與游擊隊。只要小孩們乖乖聽話，他就會回屋裡去，讓我們照他吩咐去做。沒有人知道不聽話會有什麼後果，也沒有人敢試。

弗拉穆欺負人的方式不一樣。他總是在路邊來回巡邏，從放學後直到天黑。他家中有五個小孩，他年紀最小，而且是獨子。他有三個姊姊住家裡，在附近的香菸廠上班，小名都以B開頭：芭柳（Bariu）、比比莉（Bilbili）、芭莉（Balli），只有他小名不是B開頭，而是和媽媽小名開頭相同，叫做梅古（Meku）。弗拉穆說他爸爸不在家，是因為去跟羅馬人和鄂圖曼人打仗了。但瑪西妲有次說溜嘴，跟他說我們早就沒跟這兩個帝國打仗了，結果被他用剪刀剪掉了馬尾。

弗拉穆一個人的時候，就會坐在別人屋外台階上敲鍋子，大聲唱憂鬱的吉普賽情歌，直到其他小孩從家裡出來，到平常玩耍的地方集合。他會決定我們玩什麼遊戲、誰先玩、某一回合誰不准玩，因為被抓到作弊，還有比較小的小孩能有哪些特權。他也會嚇這些小孩，全身套上眼睛部位開了兩個洞的棕色舊布袋，扮成鬼的樣子，突然衝出來抓他們。他經常穿著一件尺寸過大、印有巴西國旗的黃綠上衣，帶著一群流浪狗在街上遊蕩，並且用巴西國家足球隊明星的名字替狗取名：蘇格拉底（Sócrates）、奇哥（Zico）、里維利諾（Rivellino），還有他最崇拜的比利。比利眼睛半盲，還有皮膚病。弗拉穆很討厭貓；只要見到流浪貓，就時常將牠扔到街尾的垃圾堆裡，然後點火燒。他還討厭綁緞帶的女生。就是他叫所有人喊我馬穆阿策爾同志，還要我報口令。

弗拉穆的姊姊曾經被黨叫到地方黨委會問話，因為她拿椅子狠狠打弟弟的背，結果把椅子打斷了。我奶奶得知這件事後，差點氣得控制不住自己，大吼暴力對待小孩就和國家暴力沒有兩樣。

隨著年紀漸長，我知道自己不一樣，卻又說不出哪裡不同。我家人和弗拉穆家不同，從來不曾打我巴掌。我媽媽通常不管事，全靠看不見的權威進行管教。至於我爸爸，他的管教方式就是命令我去他們臥房「反省」幾小時。而我總是用小孩愛用的誇張語氣，形容那裡是「監牢」，因為沒有玩具。他偶爾會准我帶一本書，而我出於挫折憤怒，通常會選主角是孤兒的小說，例如《悲慘世界》《孤身世界（*Alone in the World*）》或《塊肉餘生記》，但絕對不讓主角的悲慘經歷帶著走，忘記自己有多難過，受到的委屈有多不公。那些小說讓我對家人的想像愈來愈誇張。沉浸在小主角的人生裡幾個小時，我對自己到底是誰更迷惑了。我想像自己和書中人物一樣時來運轉，意外獲得好心陌生人出手相助，或遇上遠房親戚，讓自己好過一點。

我在爸爸媽媽臥房裡會寫很長的信給蔻蔻特（Cocotte）。她是我奶奶的堂妹，獨自一人住在首都地拉那，冬天常來我家作客。我把那些信叫做「獄中信」，不僅編號，還經常分主題。我在信裡抱怨爸爸媽媽對我很凶，在街上對我講法文，不管我朋友會聽見，而且總是認為我在班上一定表現最好，包括體育，但我根本沒有運動細胞。

蔻蔻特其實叫希奇麗（Shyqyri），但她不愛那個名字，覺得聽起來太普通。我奶奶家每個人都有本名和法文小名。蔻蔻特和我奶奶從小在撒羅尼迦一起長大。根據鄂圖曼土耳其人的說法，她們這些帝國內的阿爾巴尼亞少數民族是阿爾諾人（Arnaut）。可是她們彼此用法語交談，就像妮妮對我也講法語。蔻蔻特每回來我家，都會跟我們住一個房間。她和妮妮會聊天到深夜，回憶遙遠的地方和那裡的人們：伊斯坦堡的某位帕夏（pasha）、來自聖彼得堡的移民、薩格勒布的護照、斯科普里的食物市集、馬德里的鬥牛士、的里亞斯德的遊船、雅典的銀行帳戶、阿爾卑斯山區的滑雪勝地、貝爾格勒的狗、巴黎的集會和米蘭的歌劇院正廳。

那些天寒地凍的冬日夜晚，我們的小床成了一片大陸，有著不斷變動的邊界、被人遺忘的已故戰爭英雄、致命大火、熱鬧的舞會、爭奪財產、婚禮、死亡和新生。我好想了解妮妮和蔻蔻特的童年，好想將自己和她們的兒時歲月連在一起，好想在腦中想像她們的世界，重新安排那時間似乎不存在的時光，記住我之前不認識的人物，為我不曾目睹的事件賦予意義。失聯的大人、未曾出海的船隻、不曾存在的孩子，我聽到的一切是如此混亂，不僅讓我一頭霧水，有時也令我害怕。然而，每當我拚命理解，覺得就快聽懂的時候，妮妮和蔻蔻特就會忽然不講法語，改說希臘文。

她們倆是如此喜歡對方，卻又如此不同。她們長大後才來阿爾巴尼亞，妮妮為政府工作，蔻蔻特來找對象。蔻蔻特不喜歡希臘人和土耳其人，也不喜歡猶太人，儘管她必須承認，「撒羅尼迦有頭腦的傢伙只剩」猶太人。結果她也不喜歡阿爾巴尼亞人，至少她爸爸媽媽一直反對，不是嫌對方沒教養，就是不夠有錢或政治上不可信賴，讓她至今未婚。蔻蔻特想像自己有個叫雷杰（Rexhap）的丈夫，法文名叫黑米（Rémy）。「黑米跟妳爺爺不一樣，」她常當著奶奶的面對我說：「他從來沒給我添麻煩。」

我平常很討厭說法語，只有蔻蔻特來訪那幾週會說得心甘情願。它不是我的語言。我奶奶不是法國人，我不懂她為什麼硬要我學，而且先教我說法文，然後才教我巴爾巴尼亞語。我討厭弗拉穆鼓動其他小孩取笑我的破阿爾巴尼亞語，例如我們拿來當零食吃的蘋果片，我只會用法語說它叫 des morceaux de pommes。小孩的爸爸媽媽通常比較包容，但連他們每天見我奶奶傍晚喊我回家，聽我用他們聽不懂的語言跟奶奶說今天做了什麼，還是不免面露疑惑。「為什麼是法文？」我曾經聽其中一位大人這樣問我奶奶。「而不是俄文、英文或希臘文？明明語言有那麼多種。」「我不喜歡希臘人，」奶奶說：「而且我不會說俄文和英語。」她馬上補了一句，可能想表現自己痛恨帝國主義。

我最痛恨法語的一次，是我去特殊教育委員會證明自己可以上學的那一天。一般小孩入學不需要考試，因為小學是義務教育，六、七歲一到就能入學。每學年開始前幾週，老師們會三四人一組在城裡挨家挨戶敲門，確定所有學齡孩童都有註冊。黨對他們以空前的速度掃除文盲一事相當自豪。電視上常有報導，北部偏鄉不識字的老婦人簽文件時，只能打叉代替簽名。學期開始前，空氣裡通常瀰漫著一股興奮；小孩在合作社裡開心排隊，家長在賣課本的教室裡嚼舌根。開學第一天，所有小孩都穿著光鮮的制服，頂著新髮型，捧著花出現在街上。就像諾拉老師說的，「帝國主義國家的人只有打折時才會這麼興奮。」沒有人知道「打折」是什麼意思，但舉手問感覺很蠢。

一九八五年夏末，我一心期待入學的日子到來。媽媽已經教我認字寫字，部分是為了加強我的阿爾巴尼亞語，因為所有人都跟我講法文，我的阿爾巴尼亞語還是很破；部分是這樣我就不用靠她，自己便能讀那本譯成阿爾巴尼亞語的俄國童話故事集了。那本舊書以前是她的。開學一週後是我六歲生日，爸爸媽媽買了一個紅色的皮書包給我。我起初很喜歡，可是後來發現同學都拿棕色或黑色書袋，而且幾乎全用手提，只有幾個人用背的。每學年開始前不久，合作社就會賣棕色和黑色書袋，外加黑制服、紅圍巾和所有一般周邊用品，像是筆記本、原子筆、鉛筆、尺、指南針、量角器和體育用品。紅皮書包是限量款，只會在庫房出現兩三天，通常還沒鋪到店裡就賣光了。於是，這個書包成了另一件我需要解釋的東西，就跟勞動節或週日散步我穿的那些蕾絲邊刺繡洋裝、瑪西姐的鞋匠爸爸親手替我訂製的白皮鞋，還有那件仿照童裝模特兒身上衣服做成的手織外套一樣。而那幾頁模特兒照片，是從某本不知從西方哪裡走私進來的童裝雜誌上撕下來的。

當我發現紅書包可能讓自己又多了一個理由被霸凌，我就不想上學了。頭幾天，運氣似乎站在我這邊。城裡沒有學校願意破例讓我提前入學。但我爸爸媽媽非常堅持。他們認為我已經準備好了，再繼續上托兒所會很無聊。學校建議他們向中央黨委會的教育處申請特別許可。於是八月下旬的某天傍晚，中央黨委會結束辦公前，家人便帶著我來到一群黨幹部面前，向他們報告我們的狀況。

爸爸媽媽為了這場報告準備了好幾天，演練他們要說的話，推斷幹部會問什麼問題，同時要我背誦我會的那些關於黨和恩維爾叔叔的詩，以及我在托兒所新學的游擊隊歌。我記得我們很緊張地朝中央黨委會大樓走去，爸爸媽媽走前頭，奶奶牽著我的手走在後面，距離幾公尺遠。我穿著亮紅洋裝，右手胳膊緊緊挾著一個棕色檔案夾，裡面放著那本我剛會讀的書，還有一本有數字和習題的基礎數學書。走到半途，媽媽回頭看我和奶奶落後多遠，突然發出一聲介於咆哮和尖叫的大吼。「白的！是白的！」她滿臉驚恐，指著綁著我馬尾的白緞帶說。爸爸沒有說話，但不待媽媽指示，立刻掉頭衝回家。十五分鐘後，他上氣不接下氣追上我們，一手拿著紅緞帶，一手拿著氣喘吸入器。媽媽跟他說沒時間用吸入器了，因為我們已經快到黨委會教育處，正在爬樓梯。我吹著口哨，哼著我那天剛學會的新游擊隊歌，結果被罵了。

報告開始，我爸爸首先發言。他沒有說因為我的生日比註冊日晚一週，所以必須再等一年才能入學，這件事很不合理，而是說他知道共產黨社會重視教育勝過一切，有我這樣一個年輕積極的新生代革命代表，更能忠誠對黨奉獻，而我不只一次表示想儘快入學。當然，我爸爸接著說，他很清楚最後的決定權在黨，而黨一定會做出公平的決定。但我爸爸媽媽認為，他們有理由相信我很想上學這件事至少值得納入考量。

爸爸說這些話的時候，眼睛一直望著牆上的恩維爾叔叔肖像，彷彿他是在對我們的領導人說話，而不是辦公室裡的幹部。其中一位幹部手指敲著桌子，眼神茫然；另一位幹部邊做筆記，不時抬頭瞄一眼我媽媽的亞麻洋裝；還有一位幹部看著我奶奶，彷彿之前曾在哪裡見過她。另一位幹部是短頭髮的女生，穿著樸素的炭灰套裝，目光直直盯著桌上的紅旗，臉上印著似笑非笑的神祕表情。

所有發言、閱讀測驗、數學測驗和詩歌朗誦結束後，幹部們一臉懷疑。他們翻白眼、嘆氣挑眉，然後面面相覷。原本只用三根手指輕輕敲桌的男幹部，現在兩手手指都在敲桌子，而且敲得更快，發出雨點般的聲響，很難不讓人注意。邊寫筆記邊瞄我媽媽洋裝的男幹部放下筆，轉頭盯著那位同事。

最後是我奶奶決定打破沉默。她眼睛盯著第三位幹部，似乎終於也認出他來了。她說：

「梅赫梅特同志會說法文，蕾雅也會讀法文。你或許可以給她法文的東西讀？」

「沒辦法，」那位臉上帶笑的女幹部說。「我們這裡沒有童書，當然更沒有 en français* 的童書，」她半嘲諷地補上一句。

「或許可以讓她讀恩維爾同志的書，」妮妮主動提議。「我看見書架上有法文版的選集。」她補充一句。那位名叫梅赫梅特的男子點了點頭。於是他們將書拿下來，隨便翻到一頁，我大聲讀了幾行，接著便遇到一個單詞。我那天讀了什麼早就忘了，唯獨那個詞我到現在還記得：集體化（collectivization）。我怎麼唸音都不對。

「積體化，」我說，隨即修正：「集替化。」「集體——」我唸不下去了。我感覺自己完全卡住了，兩眼全是淚水。

這時，教育處的幹部們忽然齊聲鼓掌。「妳真是太聰明了，」梅赫梅特讚美我說：「這本書很難讀，就算用阿爾巴尼亞文也一樣。妳可以教妳朋友讀，甚至教他們用法文讀。妳知道恩維爾叔叔年輕時曾經在學校當過法文老師嗎？妳長大也要像他一樣嗎？」

我點點頭。「我讀過所有恩維爾叔叔寫給小孩子看的書，」我開口說，舌頭嚐到脣上的

＊譯註：原文為法文，意思是「法文的」。

淚水和鼻涕。「我知道集體主義是什麼意思，就是分享可以讓所有人工作得更好，我只是不曉得怎麼唸。」

那天傍晚，教育處的幹部同意取消入學年齡限制，並寫了一封信讓我們帶著，信裡解釋了破例的理由。回家路上，我爸爸媽媽開心極了，興高采烈談著我們有多幸運，竟然遇見了梅赫梅特同志。奶奶許多年前曾經在卡瓦亞教過他法文。我爸爸家在我出生前就住在那個小鎮。他們想買啤酒慶祝，但那週商店裡的啤酒沒有了，他們只好改喝自己釀的茴香酒，並邀請帕帕夫婦來吃開胃小點。席間他們舉杯，但不是敬黨，而是敬我可以上學。所有人茴香酒一杯接著一杯，大聲說笑直到深夜。

至於我，我覺得既驕傲又難堪。驕傲是因為我很快就能去上學了，難堪則是因為我還是唸不出「集體化」那個詞。離開中央黨委會後，我還是一直試，但就是唸不對。米哈爾要我用法文唱一首歌，所有人都以為我會照做，結果我卻說我討厭法文。我說我從進托兒所*的第一天就討厭法文了，其他小朋友一直說我跟他們不一樣，因為我只會講法語。我很擔心進了小學會舊事重演，因為講法語而交不到新朋友。再說，我不曉得我們家為何要講這種沒人聽得懂的語言。我們沒去過法國，也沒有認識的人住在那裡。

「妳沒聽到教育處那位同志講的嗎？」妮妮試著說服我，便開口問道。「恩維爾叔叔也會說法語。他在法國讀了很多年書，還教過像妳這樣的小孩法語。法文是很重要的語言，啟蒙時代的大作家和大哲學家都說法語。而且法國還有大革命，將自由平等博愛的理想傳播到全世界，等妳上學就會學到了。」但我搖頭反對。

「妳已經知道法國大革命的事了，也在偶劇院看過《珂賽特（*Cosette*）》。妳還說妳好喜歡，記得嗎？」妮妮不肯放棄。

我還想著托兒所的經歷，結果奶奶提到《珂賽特》讓我決定坦白一切，說出自己之前不敢透露的種種遭遇：其他小孩會掀我洋裝，扯我髮帶，叫我馬穆阿策爾同志，批評我走路的姿勢，取笑我的表情，只因為我說法語。說著我又哭了。那是那天我第二次噴淚。

「如果說法語讓妳不開心，妳就不要說，」妮妮說，鄰居帕帕夫婦也點點頭。

從那天起，法語便從我家正式廢除，除了寇寇特來訪那幾週例外。奶奶只有三種情況還會對我講法語：我和朋友玩太晚，她很認真想勸誡我；她氣到極點，想發洩一番；還有嘮叨責備的時候。

＊ 譯註：原文為法文 crèche，意思是托兒所。

七、他們身上是防曬乳的味道

直到現在，講起我家有多努力接收外在世界的消息，我就會想到達伊蒂（Dajti）。達伊蒂是山名。這座山不僅包圍了我們的首都，更主宰了首都的景色，彷彿首都是它擄走的人質。它雖然離我們很遠，卻又無所不在。我從來沒有去過那裡，也不曉得「根據達伊蒂得到的消息」是什麼意思：什麼消息？誰發的？怎麼送到達伊蒂？我覺得那裡可能有衛星天線或接收器。所有人的家裡、談話中、想法裡都有達伊蒂。「我昨天晚上在達伊蒂看到的」意思是「我活著、我犯法了、我在思考」。五分鐘也好、一小時或一整天也罷，不論時間短長，達伊蒂都在。

只要阿爾巴尼亞的節目讓爸爸看不下去，他就會說，「我來看看能不能收到達伊蒂」，接著他就會爬到屋頂上，抓著天線左擺右弄，同時對著窗戶大喊：「怎麼樣？有沒有好一點？」我會回答：「跟之前一樣。」兩三分鐘後，他又會大喊：「現在呢？」而我回喊：「沒有了，畫面統統不見了。比剛才更糟。」我會聽見爸爸罵髒話，隨即是金屬摩擦聲，表示他還在喬天線。他愈沒耐性，訊號就愈難回來。

夏天情況好一點，至少理論上如此。只要天氣好，我們就有兩個選項：達伊蒂或狄雷克蒂（Direkti），也就是來自義大利的直達訊號（direct signal）。這得感謝我們離亞得里亞海不遠。在我心中，達伊蒂是山神，狄雷克蒂是海神。但狄雷克蒂比達伊蒂還難以捉摸。只要天線位置正確，達伊蒂的訊號就很穩定，只有義大利新聞（telegiornale）時段會斷訊。狄雷克蒂就狡猾了。訊號好的時候，連義大利新聞都看得到，從頭到尾不會中斷，透明程度讓爸爸非常滿意，稱讚它是一面「鏡子」。但只要訊號不穩，就什麼也沒有，只剩爬滿晃動蜘蛛網的灰色螢幕。這就代表每當電視即將轉播關鍵足球賽事，例如尤文圖斯在意甲的季末賽，我爸爸就會陷入兩難：是要選擇訊號穩定但不理想的達伊蒂，還是冒險選擇訊號反覆無常的「鏡子」狄雷克蒂。他通常會選後者，但選錯了就得承擔後果，因此他總是備感焦慮。他會垂頭喪氣爬上屋頂，彷彿面對一位明知打不贏的敵手，並用認命甚至絕望的語氣說：「我去看一下天線」。我爸爸和天線的關係就像一齣心理劇，既相吸又相斥；而我家能接收到多少國外資訊，不論是教宗若望保祿二世遇刺生還，或是阿巴諾合唱團（Albano and Romina Power）在聖雷莫音樂節後拆夥，完全取決於他倆的關係是好是壞。

只要沒有達伊蒂和狄雷克蒂，電視就沒什麼好看的了。週間晚上六點的說故事時間和之後的動畫片都是苦戰，因為和南斯拉夫籃球賽同時間，而我和爸爸最後只能達成一項妥協，那就是每五分鐘轉台一次。週日節目比較多，早上十點是偶戲，接著是兒童電影，然後是馬其頓電視台的《瑪雅蜜蜂大冒險（*Maya the Bee*）》，再來就得碰運氣了，有時是國內各地的民謠和民俗舞蹈，有時是合作社產量超過五年計畫預定目標的報導，有時則是游泳錦標賽或氣象預報。

下午五點又好一點，因為《在家說外語（*Foreign Languages at Home*）》開始了。這個節目每天都在阿爾巴尼亞電視台播出，因此不受天線任意宰割我們的影響。除了英語，節目裡還有法語、義大利語和「在家做體操」。我從來沒跟著做，因為我們每天早上到學校都會做很多體操，所有老師學生一起在操場上彎腰摸腳、甩手轉體和股四頭肌伸展，接著再宣誓對黨效忠。所有外語節目我都愛看，尤其義大利節目。我告訴自己，要是我能看懂第一台（Rai Uno）*的卡通，那該有多好。

《在家說外語》是遊樂場上的熱門話題，因為裡頭總是有新東西可以學，不只外語，還有外國文化。我記得有一回大家很激動地討論英國人買東西，因為節目裡有一幕是英國媽媽在超市裡拿著單子唸出要買的東西，她每唸一樣，小孩就要在架上找出東西在哪裡。義大利麵，有了；麵包，有了；牙膏，有了；飲料，有了；啤酒，有了。

於是，我們發現排隊不是必要的，所有人想吃什麼都可以，架上全是食品，顧客買的東西多到提不動。他們不用出示食物券，想買什麼、要買多少似乎也沒有任何限制。我們怎麼也想不透，既然他們什麼時候想買食物都買得到，幹嘛還買一大堆。

不過，最令人困惑的是那裡每樣食品都有標籤。不是標示種類，例如「牙膏」「義大利麵」或「啤酒」，而是加上某人的名或姓，例如百味來（Barilla）義大利麵、海尼根啤酒或高露潔牙膏。那裡的超市好像也一樣。為何商店不能直接叫做**麵包店**、**肉舖**、**服飾店**或**咖啡館**？

「你能想像，」貝莎說：「有一家店叫做**烏琵肉舖**、**瑪西妲咖啡館**或**貝莎麵包店**嗎？」

「說不定那是製造者的名字，」我猜想道：「你知道，就像我們也有五月一日旅（First of May brigade）製造的塑膠。」

其他人都不同意我的說法。諾拉老師解釋道，全世界只有阿爾巴尼亞人曉得製造者和工

＊譯註：義大利國家廣播電視公司第一台。

人的名字，其他國家的人從來不知道。她告訴我們，西方國家的人只知道工廠、工廠老闆、老闆小孩和後代的名字，就像小說《董貝父子（*Dombey and Son*）》描述的那樣。

下一樣令人困惑的東西，是購物推車是做什麼用的。

「推車是拿來載小孩的，」我說。

「載食物，」瑪西妲糾正我。

「小孩，」我堅持自己的答案。

「欸，顯然兩者都有，」貝莎說。「妳們有看到小孩偷放了什麼到推車裡嗎？」她一副只有自己看到重點的模樣補充道。「那個媽媽直到付錢時才發現。我猜是可口可樂罐。」

「沒錯，」瑪西妲說：「但她還是付錢買給小孩了，因為小孩說他們很渴。說不定店裡買不到水。或許他們畢竟不是什麼都有。」

「我覺得是飲料，」我壓低聲音，彷彿洩漏祕密似的說：「就是有時會在架子上看到的那種罐子，它們是裝飲料用的。」

我們正七嘴八舌討論著，手裡拿著骨頭餵比利的弗拉穆忽然打斷我們。「胡說八道，」他嘲諷道：「可口可樂當然是飲料，所有人都知道好不好？因為我喝過。我有一回看到一個小孩遊客丟了一個罐子到垃圾桶裡，就把它撿起來。裡頭還剩一半可樂，所以我就喝了，味道有點像海邊賣的紅橙汁（red aranxhata），只不過紅橙汁只賣給觀光客。」

所有人都一臉狐疑看著他。

「後來那個小孩看到我，就氣沖沖瞪著我，」弗拉穆接著說。他音量微微提高，就像講到他爸爸跟鄂圖曼人打仗那樣。「他很生氣，非常生氣，」弗拉穆重複道：「但他沒有打我，而是開始掉眼淚。所以我就把罐子還給他，當場就還了，沒想到他哭得更厲害，不僅用力踢罐子，還用腳踩，把它踩得稀爛。我沒有拿那個罐子就走了。因為它已經沒用了，就算擺在架子也立不起來。」

我們不確定弗拉穆說的是真的。諾拉老師說，來阿爾巴尼亞觀光的小孩通常都是資產階級出身，個性是出了名的頑劣，不只弗拉穆，連亞利安和他們相比都是小巫見大巫。誰曉得他們對罐子能做出什麼？

「妳們覺得弗拉穆真的拿了小孩遊客的罐子嗎？」弗拉穆走後，瑪西妲問。

「很難說，」貝莎回答：「他的確常在垃圾桶裡東翻西倒，找剩菜餵他的狗吃。但他不是用偷的，是那個小孩先把罐子扔進垃圾桶裡。」

「我覺得他說的不是真的，」我說：「我從來沒有遇過小孩遊客。」

學校告誡我們，不要跟穿著打扮和我們不同的人互動，遇到遊客最好繞路避開，而且千萬不要拿他們給的東西，尤其是口香糖。「你們要特別當心帶著口香糖的觀光客，」諾拉老師向我們強調。

夏天我們有時會遠遠看到小孩遊客在亞得里亞飯店（Adriatik）旁邊的海灘玩耍。那裡是專供外國人住宿的旅館。我們本地人和外國人使用的沙灘，中間有一道長壕溝隔開，但海面上就沒有壕溝了。因此，我和堂哥堂姊會游到遊客海灘附近，在那裡潛水、跳水或翻跟斗，吸引遊客注意。我們有時還會唱學過的英文兒歌，例如《黑綿羊咩咩叫》：黑麵羊媽媽叫，你有羊羊嗎*？遊客會用介於困惑與害怕的眼神望著我們，堂哥堂姊就會叫我用法文跟他們打招呼。我起初不肯，不是因為諾拉老師叮囑我們不能跟遊客交談（我認為這個規定一到淺水裡就無效了，因為水裡無法交換口香糖），而是因為我還是討厭說法文。我心想，如果說法文真有那麼好，那我怎麼還會被取笑？他們不應該只因為有遊客，就叫我說法文。

「我不想打招呼，」我反駁道：「他們又不認識我們，打了招呼也不會回。再說，你們怎麼知道他們會說法文？說不定他們是其他國家來的。」但堂哥堂姊笑我沒有種，是膽小鬼。為了證明我不是膽小鬼，我只好勉為其難用法文說了一句「你好嗎（Ça va?）」。小孩遊客依然瞅著我們，於是我跟他們說「再見（Ciao!）」。他們翻了翻白眼。我又補上自己唯一會的德文句子「你們從哪裡來（Woher kommen Sie?）」但我應該說「你們要去哪裡」才對，因為他們轉頭就走掉了。堂哥堂姊說：「看吧，妳嚇到他們了。妳應該微笑才對。」我望著那群小孩消失在彩色大浴巾後面，嘴裡喃喃道：「求求你們回來。」我討厭看著他們消失，討厭他們沒有回應，但我更討厭自己竟然屈服於堂哥堂姊的壓力。

小孩遊客的玩具色彩鮮豔，又很少見，和我們的玩具差別好大，我們有時都搞不清楚那些東西到底是不是玩具。他們會在浮床上潑水，手裡拿著我們從來沒見過的玩偶、奇形怪狀的桶子和鏟子，還有我們說不出名字的古怪塑膠製品。他們身上的味道也不一樣，添加

＊ 譯註：正確歌詞為 Baa, Baa, black sheep, have you any wool?（黑綿羊咩咩叫，你有羊毛嗎），但蕾雅他們發音不準，變成了 Ban ban backship, eni eni you.

了某種誘人的成分，讓你很想跟著他們，甚至上前抱住他們，好多聞一些。只要附近有小孩遊客出現，我們一定會知道，因為海灘的味道會變得很怪，混合著花香與奶油的氣味。

我問奶奶那是什麼。她說他們身上是防曬乳的味道，一種用來阻隔陽光的白色濃稠液體。「我們不用那個，」她說：「我們用橄欖油，比較健康。」

從那天起，我就知道那個味道叫什麼了。「他們身上是防曬乳的味道，」有一天在海邊玩，我對堂哥堂姊說。「我聞到了，」其中一位堂哥回答：「我聞到防曬乳的味道。他們往那個方向去了。走，我們跟上去。」

我們一路跟隨，直到小孩遊客跟他們的爸媽離開我們視線，鑽進觀光巴士或我們不准進入的餐廳裡，只留下一堆疑問。他們讀什麼？他們喜歡《愛麗絲夢遊仙境》《吉姆的奇幻冒險（*Jim Button and Luke the Engine-driver*）》或《洋蔥頭歷險記（*The Adventures of Cipollino*）》嗎？他們也會幫忙摘甘菊，讓工廠做草藥嗎？他們會比賽看誰記得最多希臘神祇的名字嗎？還是誰記得最多古羅馬戰場的地點？他們崇拜斯巴達人嗎？會參加數學奧林匹亞競賽嗎？他們想征服太空嗎？喜歡果仁蜜餅嗎？

我對外國小孩充滿好奇，雖然有時會帶著嫉妒，卻又常常覺得他們很可憐。尤其六月一日兒童節那天，爸爸媽媽會送我禮物，帶我去海邊吃冰淇淋，還去露天遊樂場玩。他們還會替我訂一年份的兒童雜誌，而我就是靠著那些雜誌得知其他國家小孩的命運。《小星星》是六到八歲兒童看的雜誌。兒童節那天他們刊了一則漫畫，題目是〈我們和他們的兒童節〉，左邊畫了一個肥胖的資本家，戴著碩大的高禮帽，正在買冰淇淋給他的胖小孩吃，店門旁則有兩個衣著襤褸的小孩躺在地上，底下一行字寫著：「我們沒有兒童節」；右邊則是畫了社會主義旗幟，還有一手牽著爸爸媽媽一手拿著花和禮物，在店門口排隊買冰淇淋的快樂小孩，底下一行字寫著「我們都愛兒童節」，而且隊伍非常短。

一九八〇年代晚期，我家開始有青少年看的《地平線》雜誌。雖然我讀還太小，但我爸爸很喜歡這本雜誌，因為裡頭除了科學和天文學新鮮事專欄，還有數學和物理挑戰題。我們有時甚至得提醒他，這份雜誌是為我訂的，才能從他手裡搶過來。《地平線》經常提到西方小孩，儘管沒有詳細到能解答所有關於他們生活的問題，卻足以讓人體會他們和我們有多不同。他們的世界和我的不同，他們的世界是分裂的，分成有錢與沒錢、資產階級與無產階級、有希望和沒希望、自由與受奴役的人。在西方，有些孩子和他們的資產階級父母親一樣享有特權。他們擁有想要的一切，卻從來不分給較為不幸的人，也無視對方的苦難。有些孩子既貧窮又受壓迫，經常餐風露宿，爸爸媽媽月底經常繳不起帳單，害他們只能在餐廳或火車站乞討食物，也無法上學，因為他們必須工作，在礦場裡挖鑽石、住貧民窟。雜誌裡不時會報導非洲和南美孩童的處境，還有書評談論美國黑人兒童的隔離政策和南非的種族隔離制度。

我們知道自己遇不到那些被資本家羞辱壓迫的貧困小孩，因為他們不可能出國旅行。我們雖然同情他們的遭遇，但不覺得我們和他們命運相同。我們也很難出國旅行，但我們知道那是因為我們被敵人包圍了。而且我們休假有黨補助。或許有一天，黨會強大到打敗所有敵人，並且出錢讓我們所有人出國旅遊。不論如何，我們已經生活在世上最美好的地方，而他們什麼都沒有。我們知道自己不是什麼都有，但我們擁有的東西已經夠了，而且人人相同。更何況我們擁有最重要的東西，那就是真正的自由。

資本主義世界的人宣稱自己自由又平等，但那只是表面如此，因為只有富人可以享有權利帶來的好處。資本主義分子靠著在全球各地竊取土地、掠奪資源、販賣黑奴來賺錢。「你們還記得《黑孩子（*Black Boy*）》嗎？」我們在學校讀到賴特（Richard Wright）自傳時，諾拉老師這樣問。「在資產階級的獨裁暴政下，貧窮的黑人不可能自由。他們會被警察抓，法律也不站在他們那邊。」

我們這裡不是剝削者才有自由，而是人人都有自由。我們不是為資本家工作，而是為自己幹活。我們不懂貪婪，也不必感覺嫉妒。所有人的需求都得到滿足，而黨會幫助我們發展才能。只要你對數學、跳舞、寫詩特別有天分，就可以去先鋒之家參加科學研究社、舞團或文學社團，磨練自己的本事。

「你們可以想像嗎，要是你們的爸爸媽媽生活在資本主義世界，送你們去學這些東西都得付錢，」諾拉老師常說：「那裡的人就算工作得像狗一樣累，資本家還是不會給他們該得的報償，不然他怎麼賺錢？換句話說，那些人工作那麼多時間，卻什麼也得不到，和古羅馬的奴隸沒有兩樣。就算領到工錢，如果想幫小孩培養才能，就得花錢找老師，但他們當然付不起。這哪叫自由？」

可是，遊客什麼都付得起。他們來這裡都會去「貨幣（valuta）」店。他們需要什麼，在那裡都找得到，而且只收外國錢。貨幣店是夢想成真的地方，儘管按照諾拉老師的說法，那是資本家的抱負，不是夢想。貨幣店就在抗戰英雄紀念館旁，學校每回帶我們到紀念館——元月十一日國慶日、二月十日青年反抗法西斯紀念日、四月廿二日列寧誕辰紀念日、五月一日、五月五日、七月十日人民軍建軍紀念日、十月十六日霍查誕辰紀念日、十一月八日建黨紀念日、十一月廿八和廿九日獨立紀念日——我和艾隆娜都會跑去貨幣店瞧瞧。我們私底下稱櫃台小姐是「美杜莎」，因為她一頭飛揚的鬈髮，表情又凶，經常讓人愣在門口，一時間不敢進去。美杜莎桌上永遠擺著一份《人民之聲》，翻到固定那一版，而她則是一邊啃葵花子一邊瞪著入口看；還沒吃的堆在報紙左邊，吃完剩下的殼擺到右邊。她兩眼始終盯著店門口，不用看也能邊剝邊吃。

我們走進店裡，美杜莎不會開口，但會停下啃葵花子的動作，默默盯著我們，就這樣看個幾分鐘。如果是冬天，她就會說：「妳們來這裡做什麼？妳們有美元嗎？沒有就離開，記得把門關上，天氣很冷。」換成夏天，她就會說：「妳們來這裡做什麼？妳們有美元嗎？沒有就離開，記得讓門開著，天氣很熱。」接著就繼續啃葵花子。

但我們從來不會馬上走，而是盯著店裡的東西看。書架上擺滿了罐裝可口可樂，甚至為了騰出空間，把書統統移走了。鹽烤花生應該很像鹽烤葵花子，只是更好吃，否則為何只能用美元才買得到？飛利浦彩色電視機看起來跟梅塔家那台一模一樣。我們那條街上就只有他家有彩色電視。每年元旦都會有四十多個小孩圍坐在他家那台飛利浦電視機前，一起看土耳其版的《白雪公主與七矮人》，而他們家的人總是會開玩笑：「你們買票了沒？」店裡還有一台黑色 MZ 摩托車，顯眼地擺在正中央，幾乎占滿整間店，你非得繞過它才能走到櫃台，就像去莫斯科參觀列寧陵寢，必須繞過墳墓才能到陵寢出口一樣。店裡有一件紅色胸罩，艾隆娜很喜歡，雖然她胸部還沒發育。我喜歡那頂遮陽帽。

貨幣店裡有些東西，很像大貨車司機或船員出國回來送給妻兒或親戚鄰居妻兒的紀念品，例如比克（Bic）原子筆、麗仕香皂和尼龍襪。他們偶爾會帶回更貴重的東西，像是T恤、短褲與泳衣，夏天走在海灘上，衣服上的品牌經常讓他們跟模特兒一樣顯眼，成了「綠色速比濤（Speedo）男」或「紅色黛安芬（Dolphin）女」。「你看起來就像個觀光客，」旁人會對他們的朋友說。這句話通常是讚美，有時是警告，但也可能是威脅，不過次數很少。

觀光客看起來和我們不一樣，他們不可能是我們。觀光客很少出現，但很好認。他們穿得和我們不同，髮型也很特別，不是奇形怪狀就是完全沒剪，或是臨時在邊界為了我們國家而剪——這是各國旅客為了造訪一個自家國民只能在想像中出國旅行的國家時，所需付出的小小代價。

觀光客夏天才來。我們的午休時間，他們在街上閒逛，四周是蟋蟀唧唧聲和睡眼惺忪趕著回家午睡的本地人。他們背著五顏六色的背包，包裡裝著塑膠小水瓶，但很快就發現根本不夠，因為天太熱了，熱得讓他們完全忘了這裡跟蘇聯的關係，只想到中東。他們對什麼東西都感興趣：羅馬競技場、威尼斯塔樓、港口、舊城牆、菸廠、橡膠廠、學校、黨部、乾洗店、等待清理的垃圾堆、排隊人群、路旁的老鼠、婚禮、葬禮、發生過的事、沒發生的事，還有可能會或可能不會發生的事。觀光客拿著尼康相機，渴望捕捉我們過去的偉大與現在的悲慘，或是我們現在的偉大與過去的悲慘，就看他們站在什麼立場。他們很清楚自己的鏡頭能捕捉到什麼，完全取決於當地導遊的善意，只是他們不曉得，這些導遊通常是特務。他們怎麼也想不到，一切完全操在導遊手上。

觀光客從不落單，總是成群結隊。多年後，我發現觀光客分兩種，現實派與夢想派。邊緣馬列主義者是夢想派，大多來自北歐，對名為社會民主、實則破壞社會的制度深惡痛絕。他們會帶糖果給當地人，但當地人很少接受。他們崇拜我們國家，認為阿爾巴尼亞是世上唯一堅守社會主義原則毫不妥協的國家。他們讚揚這裡的一切：標語簡潔、工廠有秩序、小孩純真、馬守規矩、馬車上的農民充滿自信，連蚊子都給人不一樣的感覺，異常英勇。這點從牠們吸血的狠勁，什麼人都吸，連觀光客也不放過就看得出來。這類旅人是我們的異國同志，很想將我們的榜樣移植海外。他們總是朝著我們揮手微笑，就算離得很遠也不例外。他們相信世界革命。

靜不下來的西方人是第二種觀光客。他們在巴拉頓湖和峇里島的海邊嫌無聊，埋怨墨西哥和莫斯科被遊客占據。於是他們加入菁英俱樂部，由專屬旅行社安排最具異國風情的冒險之旅，前往歐洲的心臟地帶。那裡從羅馬搭機只要一小時、巴黎兩小時，卻又無比偏遠，有著險惡山脈、夢幻海灘、不曾與外界接觸的人民、令人困惑的歷史與複雜的政治，只有勇氣十足的旅人才敢踏上這片土地。他們來是為了破解謎團、發現真相，但真相如何他們早有定論。他們在峇里島喝雞尾酒，在莫斯科灌伏特加時，就已經談論過了。他們的政治主張只有一個：社會主義違反人性，任何地方、任何形式都一樣。他們之前只是這樣想，現在則是「知道」確實這樣。他們有時也會揮手，但不常笑。他們也會送糖果，也會想和我們交談，有時也真的做了。但他們下回再這樣做，卻沒有人揮手回禮，也沒有人對糖果感興趣。他們永遠無法判斷，那些和他們看法相同的本地人只是普通人，還是特務。可能兩者都是。他們知道很難分辨，卻老是想搞清楚。

我不知道自己參加媽媽的校外教學，在萊什島遇到的遊客是哪一種。那是一九八八年某個炎熱秋日，我正想過馬路，忽然聽見幾個人用法語說：「小心，小妹妹，小心！（Attention! Petite fille, attention!）」「你好，」我下意識用法語回答，心裡微微不悅，因為我早就看見他們的遊覽車準備停車，不用他們教我怎麼過馬路，因為這裡不像西方，馬路沒有被車占據。短短幾分鐘內，我就被十幾個人團團包圍，好像他們來到動物園，總算見到自己最心愛的動物一樣。我前後左右都是防曬乳味，簡直令人受不了。我不想再跟著他們，也不想再和他們擁抱。

我怎麼會說法語呢？他們問。我幾歲？家住哪裡？我們是法國人，他們說。我知道法國在哪裡嗎？我點點頭。我知道法國的事嗎？我先是笑了出來，接著感覺被冒犯。他們怎麼會問出這種問題？怎麼會覺得我不知道法國在哪裡？我不想跟他們說話，卻又想讓他們明白我知道的事比他們以為的多。於是我唱了奶奶最愛的一首歌：

我摔倒在地上，
是伏爾泰讓我受傷，
鼻子進了水溝，
要怪就怪盧梭。

Je suis tombé par terre,
C’ est la faute à Voltaire,
Le nez dans le ruisseau,
C’ est la faute à Rousseau.

「加夫洛許！」其中一人高呼道：「妳會唱加夫洛許的歌！妳知道《悲慘世界》！」其他人一臉困惑，彷彿從來沒聽過加夫洛許和路障，或是不敢相信自己剛才聽見了什麼。

我聳聳肩。他們從袋子裡拿出糖果。「妳想吃糖果嗎？」他們問。我搖搖頭。其中一位女士掏出了一張明信片。「妳知道這是什麼嗎？」她問我。明信片上是彩色的艾菲爾鐵塔夜景。我猶豫了。「拿去吧，」他們說。「這是巴黎來的小紀念品（Un petit souvenir de Paris）。」他們補上一句，彷彿想說服我收下。我想了想。我想到我奶奶。要是我從萊什島帶回一張巴黎明信片，她會有多開心啊。這時，媽媽喊我了。我跑回我們的遊覽車。離開島上時，我從車窗看著那群人。我看見剛才要送我明信片的那位女士，她也看見我了。她又朝我微笑，手裡依然拿著那張明信片，彷彿手帕似的揮著艾菲爾鐵塔。

八、赤軍旅

結束萊什島的校外教學回到家，我已經氣消了。我腦中不停唱著加夫洛許的那首歌，但和「哈囉，霍查，你就像我們的高山一樣雄偉，和我們的懸崖一樣陡峭」混雜在一起，因為媽媽的學生一直在遊覽車後座高唱這首歌。我回想剛才和那群觀光客的邂逅，愈想就愈不氣憤。我發現他們對我們的了解比我們對他們的了解還少，這點雖然讓我不爽，卻也覺得好玩，甚至讓我更有自信，感覺就像我遇上挑戰，而且愈來愈有把握自己通過了考驗。

那晚，全家人在廚房吃飯，我向他們描述了這段經歷。儘管我記得自己鬆了口氣，但語氣顯然很不安，因為奶奶聽完一言不發就起身離開了廚房。幾分鐘後，她拎著一只裝滿褪色照片的骯髒透明塑膠袋回來，從裡頭撈出一張印有艾菲爾鐵塔黑白照的明信片遞給了我。明信片的背面寫著：「恭喜！一九三四年十月。」此外還有幾個字，可能是簽名，但已經無法辨識，感覺就像有人刻意塗掉似的。

「喏，」奶奶說：「別擔心，我們已經有艾菲爾鐵塔了。」

我媽媽正在擺盤子。她瞄到我手裡明信片上的圖案就說：

「那些來這裡的觀光客，他們的用處就和艾菲爾鐵塔的塔頂差不多。」

我聽得一頭霧水。我從來沒想過來這裡的觀光客有什麼用。他們只是想來考驗你對他們的國家知道多少。

「艾菲爾鐵塔的塔頂有什麼用？」我問。

「沒錯，」媽媽說：「什麼用也沒有。」

「也許可以看風景，」爸爸說。

「沒錯，」媽媽說：「就像觀光客。」

「妳有跟那群觀光客說，妳有時看起來很像加夫洛許嗎？」爸爸決定轉移話題。

我笑著搖搖頭。爸爸經常叫我加夫洛許。打從我因為吃得不夠多，不再配叫「青椒塞肉」之後，他就把那個小名收了回去，替我另外起了兩個綽號。加夫洛許是其中之一。每當我在外頭玩了一天，連續幾小時追捕法西斯分子、揮舞棍棒對抗羅馬征服者或爬到樹上監視圍城的鄂圖曼人，最後臉紅氣喘、全身是汗回到家，他總會問我：「妳到底去玩了什麼，把自己搞得像占據馬路的加夫洛許？」等我變成青少年，為了讓他們把我的想法當回事，我不僅把頭髮剪短，從此告別緞帶，還將手工蕾絲洋裝換成了尺寸略大的男孩服裝，外加弗里吉亞帽（Phrygian cap），同樣那句話就再也不是問句，而是肯定句了。「還是很像加夫洛許啊，」爸爸會這樣說。從那語氣我很難分辨他是批評還是讚美。

我眼睛盯著奶奶拿給我看的明信片。「妳可以留著，」她說：「只是要保管好。」

我緊緊抓著明信片，感覺自己在流汗。「這是妳小時候，觀光客給妳的嗎？」

妮妮笑了。是我爺爺收到的，她說。他去法國讀過書，在一個名叫索邦的地方。明信片是他畢業時，他最好的朋友給他的，但那個朋友已經不在了。

「法國！他在法國讀過書！跟恩維爾叔叔一樣！他也是讀自然科學嗎？妳跟我說過他們是朋友！他們是在法國遇到的嗎？」

「不是，你爺爺讀的是法律，」妮妮答道：「他和恩維爾中學時就認識了，兩人在科爾察的法國高中成為朋友。但是沒錯，他們在法國見過許多次。兩人都是人民陣線成員。」

「人民陣線是什麼？」

「就是傻瓜陣線，」媽媽插話道。爸爸皺起眉頭，奶奶裝作沒聽到似的繼續往下說。她告訴我，人民陣線是立志對抗法西斯的大型組織。他們集會、示威，嘗試在歐洲推動大規模的反抗運動。他們在西班牙發動戰爭，還組成國際縱隊自願協助共和軍對抗法西斯分子。爺爺很想去參加。

「他和恩維爾叔叔在同一個反法西斯的大團體裡！」我幾乎掩不住心裡的興奮。「妳從來沒有跟我說！妳從來沒有告訴我，爺爺跟法西斯分子打過仗！我五月五日可以拿他的照片到學校了！我們有照片嗎？還是有信？我可以拿什麼去給我同學看？」

「那個，妳爺爺沒有去成西班牙，」奶奶接著說：「他爸爸發現兒子去了邊界，打算加入國際縱隊，於是就寫信到阿爾巴尼亞大使館，要他們把他遣返回來。」

「他爸爸為什麼要那樣做？」我搞不懂。

奶奶似乎沒聽見我的問題或不想理會。「於是妳爺爺回到了阿爾巴尼亞。他身上帶著反法西斯傳單，打算組織更多集會，結果被警察發現了，」她接著說。

「他爸爸為什麼不讓他對抗法西斯分子？」我搞不懂怎麼會有人反對抵抗法西斯，不論在法國、西班牙或阿爾巴尼亞，甚至別的地方也一樣。我很氣爺爺的爸爸，氣他不僅跟我們的前總理同名同姓，還跟對方一樣是法西斯分子。

「呃，我不曉得，我猜他可能有點老派，」奶奶有些遲疑地說：「他們父子倆的政治觀點不同。」

「爺爺後來有再見到恩維爾叔叔嗎？」

奶奶沒有說話。她瞇著眼想了想，接著說：「他們……他們……後來就失去聯絡了。反正我們有艾菲爾鐵塔！」她高聲說道：「這就夠了！」

「所以，爺爺後來就去大學做研究了？」我還不打算放過這個話題。

我一直問個不停，似乎讓妮妮很不自在。她轉頭望向我爸爸，彷彿向他求助，但援軍按兵不動。

「他先開了一家賣酒的店，」於是她只好往下說：「雖然他想當律師，卻拿不到執照，因為他反對法西斯，而當時索古還是國王。至於大學做研究……嗯，沒有，那是幾年後了，」她補充道：「戰爭已經結束了。」

「那他都在做什麼？」

「喔，沒什麼特別的。他學了俄文和英文，所以就是加強語言、做做翻譯之類的。小太陽（Leushka），」奶奶對我說：「妳可以去拿晚餐用的餐具嗎？」

「爸比，爺爺離家很久沒回來，就是那時候嗎？」我轉頭看著爸爸問：「他去大學做研究，所以妮妮只好一個人把你帶大？」

「沒錯，」爸爸說：「他翻譯了伏爾泰的《憨第德》。」

「伏爾泰！伏爾泰！我正在想伏爾泰和盧梭是誰呢。我是說，我完全不認識他們，只知道他們幫助了法國大革命。」

奶奶興奮點頭。改變話題似乎讓她鬆了口氣。或許她不喜歡爺爺當年離家遠走，只是為了學語言和做翻譯，就遠赴他鄉那麼多年。

「妳知道這些就夠了，」她接著說道。只要提到法國大革命，她心情就會立刻變好，而且可以講個不停，怎麼也不會累。她之前就跟我講過，把她知道的一切都跟我說了。從法國大革命如何開始、誰參與其中、路易十六的下場到瑪麗王后的命運，甚至連皇太子的遭遇都不放過。她很喜歡複述羅伯斯比的那句話，自由的祕訣是教育人民，暴政的祕訣則是讓人民無知。她描述拿破崙打過的知名戰役，對參戰將領如數家珍，甚至想教我，但我發現自己怎麼也記不得全部。她提到參與法國大革命的要角，從三級會議到拿破崙戰爭結束，內容生動又詳盡，彷彿那些人不論贏家、輸家或有輸有贏，統統是我們家親戚。

「妳奶奶認為，法國大革命替全世界帶來了自由，」爸爸解釋奶奶為何如此興奮。「但這個想法其實一直站不住腳。」

「伏爾泰和盧梭是啟蒙時代哲學家，」奶奶接著說：「所以，加夫洛許才會把錯都怪在他們身上。他們最先解釋了法國大革命追求的理念。他們認為人人生而自由平等，可以為自己思考，必須替自己做決定。他們反對無知與迷信，反對受更有權力的人控制。」

「沒錯，就像馬克思和韓格爾。伏爾泰和盧梭也用斷頭台嗎？」我問。

「沒有，」奶奶說：「斷頭台是之後的事。」

「馬克思和韓格爾有用斷頭台嗎？」

「黑格爾，」奶奶糾正我。「還是妳說馬克思和恩格斯？馬克思和恩格斯嘛……沒有，應該不算有。他們寫書、集會，還有其他之類的。他們同樣認為人人生而平等自由，而且……唉，妳應該知道馬克思的思想。」

「他認為資本主義沒有自由，因為有些事資本家能做，工人不准做，」我補充道，對自己能有貢獻感到很滿意。

「沒錯，」爸爸說：「他說得對。在社會主義國家……」他停下來想了想，決定另起話頭。「在資本主義國家，」他說：「不是有些事富人能做，窮人不准做，而是就算准許窮人做，他們也做不到。例如窮人可以去度假，但他們得繼續工作，否則就掙不到錢。在資本主義國家，沒有錢就無法度假，所以需要革命。」

「為了度假？」

「為了改變現狀。」

奶奶只有講到法國大革命才會興奮，爸爸則是只要講到革命就很嗨。我家每個人都有自己最愛的革命，就像每個人都有自己最喜歡的夏天水果。媽媽最喜歡的水果是西瓜，最喜歡的革命是英國革命。我喜歡無花果和俄國革命。爸爸強調他認同所有革命，但最喜歡的是尚未發生的那一個；至於最愛的水果則是榲桲，但還沒熟透的榲桲會噎死人，所以他通常不敢多吃。我奶奶最喜歡棗椰，雖然很難找，但她從小就愛。她最喜歡的革命當然是法國大革命，這點讓我爸爸很不爽。「法國大革命一事無成，」他這會兒就表示：「有些人還是很有錢，所有決定都是由他們做。有些人還是很窮，改變不了自己的人生。」他搖搖頭。「他們被困住了，就像這隻蒼蠅，」他指著嗡嗡撞著廚房窗戶的蒼蠅接著說道，隨後沉吟片刻，接著補上他老是補上的那句話，即使他每回都用它來解釋自己為什麼沒有最喜歡的革命，卻說得好像突然想到似的：「看看這世界，赤軍旅，看看這世界就曉得了。」

爸爸雖然沒有最喜歡的革命，卻有最喜歡的革命家，他們就叫做「赤軍旅」。這是他不再叫我「青椒塞肉」之後，替我取的另一個小名。我到很後來才知道赤軍旅的意思，但我記得只要自己不守規矩，就會聽到這個名字，因此我以為這個名字就跟「搗蛋鬼」同樣意思，用來指挑戰既有權威的人。爸爸常說，「過來，小赤軍旅，瞧瞧妳幹了什麼」「妳遲到了，小赤軍旅」或「小赤軍旅，我們該拿妳怎麼辦？妳作業還沒寫。」

此外，我也以為這個名字跟暴力有關。這是因為爸爸只有一次將這個詞用在我以外的小孩身上，就是我告訴他，我不肯幫弗拉穆殺死偷吃他狗的食物的貓那次。那天，弗拉穆抓著那隻貓來到我們常去的街上遊樂場，用繩子纏住牠脖子，命令其他小孩把繩子拉緊，直到貓無法呼吸。後來我告訴爸爸這件事，跟他說我不想拉繩子，爸爸說：「所以，妳終究不是赤軍旅啊。」從那語氣聽起來，「赤軍旅」就不像是讚美之詞。

還有一回爸爸提到赤軍旅，把自己也包括在內。那天，我們和往常一樣去墓園。途中我們通常會遇見一位名叫齊古的乞丐。他是中年的吉普賽人，沒有雙腿，總是穿著短褲，露出截肢大腿上兩條長長的縫線，拖著身子在地上爬。齊古只要見到我爸爸，就算距離還遠，也會愈爬愈快，直到擋在我們面前。我記得自己曾經心想，這個人竟然比我還矮。「同志，同志！」他會大喊：「你今天帶了什麼東西來？」而爸爸總是會把口袋裡所有東西掏出來，真的是所有東西，然後統統給他。離開齊古後，我們有時會經過一家糕點店。我會拉爸爸的袖子，暗示他已經有人開始排隊，表示冰淇淋可能就要來了。爸爸會翻出口袋，讓我看裡頭空空如也，然後對我說：「我什麼都沒剩了。」接著又說：「妳也看見齊古了，對吧？好了，別生氣，別跟妳媽一樣小氣。我們到底是不是赤軍旅？」

聽他這樣講，我推斷赤軍旅會把錢都分享出去，而爸爸說自己是赤軍旅，是因為他不介意分享自己的東西。我和妮妮如果看到齊古，妮妮也會給他錢，但沒有爸爸給的多。妮妮會留一點錢買冰淇淋給我。排隊時，她會對我說：「可憐的齊古，他可能沒上過學，現在只能向人乞討，因為沒讀過書。他當初應該好好讀書寫作業才對，像妳一樣。」

媽媽從來不給齊古東西。她說：「齊古應該去工作！」我說：「可是他沒有腿！」媽媽立刻反駁：「他有手啊！」我說：「可是他沒讀過書！」「那是他的問題！」媽媽回說：「他當初就應該讀書。想讀書的人就會讀書。我小時候可沒有人賞我零錢。」

我問爸爸為何要把零錢統統給齊古，明明他不去上學、不肯讀書是他的錯，爸爸回答不能把錯都怪在一個人頭上。他向我解釋，雖然現在吉普賽小孩都得上學，住在公寓，但齊古小時候可能還不是如此，可能住在某個遠在天邊的游牧區。他還說：「別聽你媽說的那些。齊古就算拿到博士學位，妳媽媽也不會給他任何東西。她什麼都想存起來。」

爸爸老愛取笑媽媽存東西的習慣。「妳打算怎麼運用這筆投資？」兩人討論要買什麼，例如該不該買件新的冬季外套時，他常這樣諷刺媽媽，好像她是個資本家。但不論爸爸開什麼玩笑，媽媽從來不會笑，連對象不是她的玩笑也一樣。她也不會抗議，只是聳聳肩，然後下達命令：「把你的舊外套拿來。只要改改領子往外翻，它就跟新的一樣了。」

對爸爸來說，瞧不起錢是一種動章。存款是去之而後快的負擔，只會危害他身為自由人的地位。只要家裡有多餘的錢，就算金額再小，爸爸和妮妮也會開始慌張，心想還能買什麼或給誰，免得發生閒錢危機。我們生日總是花大錢慶祝，所有人都至少會拿到一樣禮物，有時更多。長期欠錢是好事，而我家從我出生就負債到現在，很偶爾才會付掉當月欠款及基本開銷。每到這時他們就會開始動腦，想找出其他更複雜的需求，好將存款用別的方式花掉。

月底，奶奶經常望著空空的櫥櫃大喊：「我們把所有東西都吃完了！一點不剩！得等下個月發券了！」儘管她話裡帶著擔憂，卻又夾雜幾分欣喜，讓我始終搞不懂，彷彿除了接下來日子難過了，我們還達成了某種目標，應該自豪才對。我覺得這是家族傳統，因為蔻蔻特曾經告訴我，我們現在玩撲克牌是用豆子當籌碼，但她和奶奶以前是用真錢，而且就算輸蠻多也不介意。有一回她和妮妮睡前聊天到深夜，我還聽見她對妮妮說，她們的帕夏爺爺曾經鼓勵家人把錢都拿去買珠寶、旅行或訂劇院包廂，反正一切終究會消失。

我爸爸媽媽和他們兩方家庭，烏琵家和維利家，價值觀完全不同，幾乎對所有事情的看法都南轅北轍。從舊衣服要縫補多少次才能買新的、電影《死刑台的旋律》是不是比《飄》更好看、小孩哭到睡著會不會睡得更好、稍微變質的牛奶可不可以喝、開會能不能遲到、可以遲到多久，到剩菜擺多少天還能吃，他們統統意見相左。烏琵家嫌錢，維利家愛錢。烏琵家崇尚舊禮節，維利家以無視舊禮節為榮。爸爸家熱衷政治，連遠方國家的政局也很關心；媽媽家只有遇到切身問題才關心政治。這兩家結為親家真是莫大的諷刺，因為換作其他時空，他們可能會是死敵，歷史卻讓他們成為盟友。兩方似乎都不喜歡彼此日常相處發生的衝突，卻各自找到適應方法。對於互看對方道德觀不爽這件事，他們出奇地坦誠。因為兩家人不得不結婚，他們告訴我，一切都得怪「出身」。

爸爸嫌錢的程度，遠高於他對丈人家儉省度日的反感。這導致他痛恨資本主義，常說這套制度就是要人不停買東西賣東西，創造利潤，只為了讓資本主義活下去。媽媽說，一個人如果變得很有錢，可能是他應得的報償，爸爸卻堅稱想賺錢就必須剝削沒錢的人。你只要錢多，權力就大，就能左右許多重要決定，讓財富不如你的人很難達到與你相同的地位。「人必須盡力而為，小赤軍旅，」爸爸總結道：「可是歸根結底，想改變現況就需要革命，因為沒有人會自願放棄特權。」

多年後，我進大學唸書，發現我的小名「赤軍旅」原來是義大利極左派恐怖分子，和一九七〇年代不少西歐國家的游擊運動相去不遠，讓我嚇了一跳。一九六八年夏天，我爸爸在地拉那的大學拿到學位。他記得那年四月金恩博士遇刺，五月法國大學被占，戴高樂逃往德國，八月蘇聯坦克開進布拉格，阿爾巴尼亞退出華沙公約以示抗議。這些事件在在說服他相信，除非全球所有受到不公對待的人獲得自由，否則再大的勝利都不可能長久。那年夏天，他曾經相信自由是可能的，只要對抗所有形式的權威。但學生示威失敗了，廣場上的抗議青年全成了職業政客，不再談論自由的理想，改成模糊的民主修辭。爸爸告訴我，他就是在那一刻明白，「民主」只是國家暴力的另一種說法。絕大多數時候，國家暴力只是抽象的概念，但只要有權有勢者的特權受到威脅，國家暴力就會出現。

儘管這些事件都是他從義大利或南斯拉夫電視台看來的，卻讓他從此愛上革命團體，迷上那些徹底反對法律權利與議會民主、相信唯有人民暴力才能戰勝國家暴力的組織。他崇拜菲爾特里內利（Giangiacomo Feltrinelli），因為對方成立出版社，而且他說他很欣賞對方的政治立場，既不討好自家的資本利益，也不迎合自由國家的民主修辭。爸爸告訴我，菲爾特里內利在愛國行動隊（Gruppi di Azione Partigiana）的一次行動中，身懷炸彈而死。他對事件經過的描述是如此詳盡，對心情感受的描繪是如此細膩，讓人幾乎相信他當時就在現場，差點喪命。爸爸告訴我這個故事時，我還不是很能理解行動的目的，也不大明白為何必須炸毀電塔才能引發革命。

一九七〇和八〇年代，阿爾巴尼亞電視台很少提到赤軍旅。爸爸是靠偷聽義大利電台追蹤他們的消息。我長大之後，曾試著理解他為何對革命暴力如此著迷。我想他應該是將批評專制國家和他個人處境連在了一起。他曾經說，革命團體如果擁有正規軍有的那些武器，可以對抗政府，那就不需要恐怖暴力。他是和平分子，討厭所有戰爭，卻對革命鬥爭懷有浪漫的想像。他是困在極度高壓政治下的自由靈魂，擁有他無法選擇、卻足以左右他人生去向的出身。他肯定嘗試過定義自己，堅持個人的道德信念，拒絕任何人替他發聲或光憑他和前總理同名就妄加揣測。在我看來，兩人同名根本沒有任何意涵。

然而，每當爸爸試圖用別人能懂也能感同身受的方式說明這一切，解釋為何需要對抗國家機器壓迫和市場剝削追求自由時，卻總是詞不達意。他知道自己在對抗什麼，卻拙於捍衛自己的立場。他腦中滿滿的句子、理論與理想，卻苦無方法梳理清楚，闡明自己到底在乎什麼，表達自己的看法。最終一切都變得分崩離析：他知道什麼、他是誰、想成為什麼、期望什麼發生，統統支離破碎，就像他崇拜的革命家壯烈犧牲的一生，或是他最喜歡的、那場從未發生的革命。

九、阿梅特拿到學位了

一九八九年九月底，學期剛開始幾週，我們班上來了一位名叫埃里翁的新同學。他和家人最近從卡瓦亞搬來，就是我爸媽和奶奶在我出生前住的那個小鎮。老師讓他坐在我旁邊。埃里翁知道我名字後，「妳是蕾雅！」他興奮說道：「蕾雅．烏琵！我爸爸媽媽叫我到學校記得找妳！我們是親戚。我爺爺是妳奶奶的堂哥，兩個人從小一起長大。我要傳話給妳。妳一定要跟妳奶奶說，阿梅特拿到學位了。他回來了。阿梅特是我爺爺，你們隨時可以來我家拜訪。」

回到家，我告訴爸爸媽媽和奶奶今天在學校裡遇見親戚了，他們似乎都很詫異。「現在才發現新親戚，是不是有點晚了？」爸爸打趣道。接著我傳話給奶奶。「阿梅特……」奶奶喃喃自語，陷入了沉思。「阿梅特回來了，希望我們去看他，」她沉吟道：「我們該去嗎？去恭喜他拿到學位？該不該帶禮物？」爸爸點頭，媽媽搖頭。「我們得小心點，」她說。阿梅特的已故妻子索妮亞是老師，阿梅特肯定也有工作了。「他已經老到不能工作了，」爸爸反駁道。妮妮還是茫然看著牆。「沒錯，對他來說是晚了，」最後她開口說：

「他已經老了，但誰曉得呢？」

大人的討論根本沒有道理。為什麼阿梅特的太太是老師，我們就不能去看他？為什麼親戚拿到學位了，我們不能去恭喜？

「我想跟埃里翁玩，」我說：「他人很好，我想去看他。」大人又討論了很久，最終決定去看阿梅特。於是我們買了一盒土耳其甜點，去了阿梅特家，親人團圓。

之後，阿梅特開始常來我家。他會拄著櫻桃木拐杖走路過來，用拐杖敲門，手裡拿著彩色風箏或紙箱帽子之類的小禮物，有時還會帶著埃里翁。我和埃里翁就會扮成老師，用我的洋娃娃當學生。阿梅特講話很慢，甚至有些困難。他身上飄著菸味，總是帶著捲成管狀的報紙，用它搔我下巴底下連到脖子的地方。他連同碟子端起咖啡時，手會顫抖，搞得杯裡的匙子叮叮作響，讓人不由得往那邊看，然後察覺他右手少了大拇指。阿梅特手指修長，黃得發亮，彷彿上過漆似的，顯然是長年捲菸造成的。

阿梅特來訪時，如果蔻蔻特正巧也在，所有人就會講法語，就像他們小時候那樣。我有回問阿梅特想不想跟我們玩豆子撲克，但蔻蔻特說撲克牌是資產階級玩的。我不懂那是什麼意思，但不想反駁她，跟阿梅特說我們經常玩豆子撲克，而且從來沒有人說這是資產階級玩的。阿梅特會和奶奶挨著坐在沙發上，聊他不在的這段期間，事情改變了多少。「現在有好多好東西，」他說：「到哪裡東西都多，店裡架子上全是滿的。大家都很幸福，一切感覺都好平靜、好珍貴。」妮妮默默點頭。

幾個月後，我爸爸得知自己將轉調到另一個單位，從距離市中心只有幾公里的辦公室搬到偏遠的拉什庫爾鎮。他必須比之前早起很多，摸黑出門才能準時上班，而且要先搭巴士，再走很久的路；如果途中運氣好遇到駕馬車的農民，就能搭便車。妮妮很擔心冬天他氣喘會惡化。全家人都同意當初不該恭喜阿梅特，還邀他來喝咖啡。「我就知道，」媽媽說：「我就知道他早就安排好工作了。他可能書唸還沒完就已經在工作了。我就跟你們說不該跟他聯繫。他太太以前是老師，許多學生都因為她而延畢，甚至還有一位學生輟學了。」

對我來說，將爸爸轉調說成是和阿梅特團圓的關係，就跟討論該不該恭喜他拿到學位一樣荒謬。但在我家，這兩件事經常同時被提起。他來我家就代表連我媽媽在哪裡教書也可能不是祕密了。「我們不能再應門了，」妮妮最後說：「否則多麗沒多久也會被調走。」

我們果真照做了。只要阿梅特和埃里翁來訪，我們就假裝不在家。我們會把收音機和電視關掉，整間房子有幾分鐘一點聲音也沒有。有時朵妮卡見到他們出現在山腳下，就會衝到窗邊喊我媽媽：「多拉——！多拉——！他來了，妳親戚來了。」抵達後，阿梅特會先用拐杖敲門，然後等待，接著換成埃里翁用拳頭敲門。我會從窗角探出半個頭偷看。他們會再多等一會兒，然後從地上拎起裝著帽子和風箏的袋子轉身離開。埃里翁會跑在前頭，阿梅特緩緩跟著，彷彿兩條腿不屬於他似的拖著腳走，臉上隱約透露幾分空洞，好像腦中的想法也不屬於他似的。我看著他們離開，心裡很難過。爸爸察覺到我不高興，便試著安慰我：「別擔心，小赤軍旅，也不要難過。妳長大點就會明白了。阿梅特雖然讀完書了，但還是在工作。」

我的家人總是對誰讀完大學非常感興趣。這是生日和家族聚會最常出現的話題之一，一九九〇年十二月前那幾個月更是成為唯一值得關切的議題。我的家人對政治有多不感興趣，就有多愛談高等教育。每回親人來訪，咖啡端出來之後，聊天多多少少會是這樣：「你有聽說納茲米拿到學位了嗎？」「哦，我以為他早就畢業了。」「沒有，他最近才剛畢業。」接著他們就會談起輟學和成績好的親戚，感嘆過去讀大學比現在困難多了。「伊素夫那時沒拿到學位，不過她太太申請到學校之後，讀得非常好，」奶奶解釋道。「沒錯，」對方回答：「她非常突出，後來去教書了。」有些大學似乎難畢業得多。「法蒂美進了B大，但可惜沒拿到學位。」或是「她先生原本在V大，後來轉到T大，沒什麼困難就拿到了學位。」或者「校長換人後，誰曉得會怎樣？」又或是「沒拿到學位的人似乎變少了。」跟著是一個謹慎的回答：「是啊，但誰曉得申請人數有多少？」

還有些討論是在比較不同的主修科目和困難度，例如「尤西夫讀國際關係，但貝拉對哲學感興趣」。按辛苦程度排名的，除了大學本身，還有課程內容。例如，所有人都知道大學唸國際關係不可能畢業，但唸經濟學就比較快能完成學業。當你順利拿到一個公認難拿的學位，有時感覺好像必須去教書。但不知為何，這樣做很容易招來懷疑，而且老師的名聲也有好有壞：有讓人怕得要命、想盡辦法躲開的嚴格老師，也有教學風格比較輕鬆、很好親近的老師。

大人從來都不講大學的全名，只會用頭一個字母代替。例如，他們會說「阿夫尼是B大畢業的」或「艾敏起先在S大，後來轉到M大。」假如我正好在客廳矮桌上玩洋娃娃，就會默默聽他們聊天，一邊設法將聽到的字母跟大學城的名字湊對。只要我覺得猜中了，就會開口問：「你們說的S大是斯庫台（Shkodra）大學嗎？」這時大人就會發現我在偷聽，叫我回房間玩。

我發現，每回談到爺爺的研究就特別令人困惑。有些親戚說，要不是我曾祖父（就是那個和前總理同名的人），我爺爺做研究也不用那麼久。有些親戚說，這和兩人的出身無關。爺爺不論如何都會上大學，因為他是「知識分子」，知識分子幾乎都得做研究。當我發現爺爺在巴黎拿到第一個學位，就很好奇他後來的研究是在哪裡做的。這其間他學習英語和俄文，翻譯伏爾泰的《憨第德》，前後花了十五年才完成。但這第二個學位充滿了謎團。大人告訴我，「他先在B大，然後去了S大。」「B大和S大是哪裡？」我問。「文學，」他們回答：「他讀文學。」「我不是問他讀**什麼**，」我不放棄，「而是在**哪裡**讀。」「哦，就這裡和那裡，」他們回答：「離這裡不遠。」「這裡是哪裡？又為什麼去那裡？」我再問最後一次。「為什麼？就出身啊，」他們重複道：「因為出身。」

多年下來，吸收了那麼多談話內容，我最記得我爺爺有一位老老師，名字叫做哈奇。許多跟我爺爺同大學的親戚都知道哈奇。他們說，要是你選到哈奇的課，就幾乎百分百拿不到學位，甚至被退學。退學的事通常只會低聲說，外加黯淡的眼神和顫抖的聲音。「真令人難過，」聽到的人會說：「聽到這個消息，我真的很難過。」只有輟學，也就是主動放棄學業，才會引來比沒拿到學位更大的反應。「是哈奇害的，」我曾經聽長輩說：「她被哈奇打敗了。」另一人說：「不對，不光是哈奇，是整個學位。」「是啦，但要是沒遇到哈奇，她或許就畢業了。」哈奇是出了名的熱愛教育，也是數一數二的嚴師。有名的不只是那些嚴厲懲罰，更包括懲罰帶來的羞辱。

有件事和哈奇有關，我聽過許多次，時間在我爺爺阿斯蘭剛拿到文學學位那陣子，也就是一九六四年夏天。我爺爺離開大學後找不到工作，雖然試過許多地方，卻不得其門而入。他發現求職比他想得還困難，因為有出身擋路。於是他決定寫信給一位同窗老友，對方在黨的圈子裡地位很高。我們現在還留著那封信的副本，就收在放褪色明信片（包括艾菲爾鐵塔那張）那個爬滿灰塵的塑膠袋裡。「親愛的恩維爾同志，」信的開頭寫道，然後就像憲法條文一般：「人的尊嚴不可侵犯，社會主義就建立在工作而來的尊嚴之上。」接下來爺爺為自己過去這一年接受的教育表達感謝，並為國家在社會主義統治下取得了輝煌進展向黨致賀。最後才提到謀職，若能符合他的專長更好。

阿斯蘭寄完信幾天後，黨部回函了。有個律師的職缺。隔週一，阿斯蘭換上他僅有的一套西裝去上班。那件黑色條紋西裝，他告別大學那天穿著它，婚禮當天穿著它，我從婦產科醫院出來那天，還有他下葬時也穿著它。開始工作幾個月後的某一天，哈奇敲了他辦公室的門，進來申請一份法律證明。

他起初沒有認出穿著西裝的阿斯蘭。

「這份文件需要簽名，」他指著手上的文件說。

「請坐，」阿斯蘭答道：「想來根菸嗎？」

哈奇這才發現自己見過我爺爺，開始有些不自在。「你可能不認得我了，」他說。阿斯蘭依然面帶微笑。「你好，哈奇，很高興見到你。」

哈奇躊躇不答。「我可以改天再來，」他說。「別擔心，」我爺爺回答：「這件事馬上就能搞定。」

於是，哈奇坐在辦公室裡默默吸菸，等阿斯蘭完成文書作業。事成後，哈奇想付錢，但我爺爺拒絕了。「你做得夠多了，哈奇，」他說：「這筆費用算我的。」哈奇不停道謝。離開辦公室前，兩人握了握手。

聽了那麼多大學的事，只有這個故事我始終忘不了，不是因為重複次數多，而是因為每次說與聽的反應都不相同。「阿斯蘭做得好，」有些見過哈奇的親戚聽完之後這樣說。有些親戚則是納悶，阿斯蘭怎麼能跟哈奇握手？難道他忘了就是哈奇害他最好的朋友退學嗎？後來，我發現這位朋友就是寄艾菲爾鐵塔明信片給他的那個人。「哈奇只是個老師，那些規矩又不是他定的，」妮妮解釋道，試著證明丈夫的做法沒有錯。「照妳這樣說，世界上就沒有罪人了，」親戚反駁道：「老師永遠有一定的自主權，可以不必按規定嚴格執行。往上推責任太容易了，把錯都怪到教育部或教育部長頭上就好。但老實說，規矩這麼嚴是許多人配合的結果。」每個階層、每個時間點都有自主權，親戚們總是這麼說，哈奇其實不用那麼嚴苛。他那麼殘酷，不配阿斯蘭和他握手。

我時常納悶，奶奶為何每次親戚造訪就會提這件事，回顧B大的時光。哈奇就是在那裡任教。我不了解他們反覆分析爺爺明明被哈奇教過，怎麼還會請他抽菸，這件事到底重要在哪裡？爺爺對待哈奇像老朋友，這有什麼好奇怪的？我曾經聽奶奶引述羅伯斯比的話：「懲罰壓迫者是仁慈，赦免壓迫者是野蠻。」那次聊天也出現了哈奇的名字。稱呼哈奇為壓迫者似乎有些誇張，但我爺爺在大學到底知道了什麼？親戚們又為何如此在意誰該賠罪認錯？

每當我回想童年這些未解之謎，重溫烙在我心底的阿梅特和哈奇的故事，我總是覺得真相一直在那裡，等著被我發現，只要我看對方向。沒有人向我掩飾任何事，一切都可得知，但得有人為我指路。

我從來沒想過，我不該問家人B大、S大或M大到底在**哪裡**，而是大學究竟代表**什麼**？我不知道怎麼問出對的問題，所以始終得不到對的答案。但我怎麼可能想得到？我愛我的家人。我信任他們，接受他們為了滿足我的好奇心所告訴我的一切。在追求確知的路上，我仰賴他們幫助我搞懂這個世界。直到一九九〇年十二月那天，我在雨中和史達林相遇，我才發覺家人不僅是我確信事物的來源，也是我一切疑惑的出處。

十、歷史盡頭

在我擁抱史達林之前，我早幾個月就見過他的肖像走過首都街頭，慶祝五一勞動節。每年都有這場遊行。電視轉播會提前開始，南斯拉夫電視台也沒有體育節目可看，表示我不必和爸爸搶奪電視螢幕的使用權，可以看完遊行再看布偶戲，然後看一部兒童電影，再穿著新衣出門散步，買冰淇淋，最後找城裡唯一的攝影師拍張照。他通常就站在文化宮附近的溫泉邊。

一九九〇年五月一日是我們最後一次慶祝勞動節，也是最開心的一次。也可能因為是最後一次，所以才那麼開心。客觀來說，那不可能是最開心的一次。為了購買日常用品而排的隊伍愈來愈長，店裡貨架感覺愈來愈空。但我並不介意。我之前對食物很挑剔，但我現在長大了，不再埋怨只有廉價的羊乳酪，沒有更好吃的黃乳酪，也不再嫌惡舊果醬，吵著吃蜂蜜。「道德第一，食物其次，」奶奶開心說道，我也學會了這樣的態度。

一九九〇年五月五日，科圖諾（Toto Cutugno）在扎格雷布以一首〈團結，一九九二（*Insieme: 1992*）〉拿下了歐洲歌唱大賽冠軍。憑著《在家說外語》教會我的東西，我聽得懂歌詞，因此也隨著副歌旋律在腦中哼唱：我們愈來愈自由／一切不再孤單，不再是夢／我們愈來愈團結／把手給我，讓我帶你一起飛／一起……團結，團結歐洲*。兩年後我才發現，我一直以為這首歌是在讚揚社會主義理想為全歐洲帶來自由與團結，結果是在講馬斯垂克條約，而且自由市場很快就因為這個條約變得更牢不可破。

與此同時，歐洲仍然被各種「流氓」把持，暗中破壞公共秩序。那年稍早，波蘭退出華沙公約組織，保加利亞和南斯拉夫共產黨投票放棄一黨專政，立陶宛和拉脫維亞宣布自蘇聯獨立，蘇聯部隊進入巴庫鎮壓亞塞拜然人示威遊行。我無意間聽見爸媽在談東德「自由」選舉，便開口問我爸爸：「不自由的選舉能選什麼？」他似乎不喜歡這個問題，只想改變話題。「曼德拉獲釋了，」他說：「妳是不是很開心？」

來我家的訪客加倍了，甚至連狄雷克蒂沒有轉播足球賽或音樂祭時也會來。爸爸媽媽開始早早叫我上床睡覺。隔著客廳裡的煙霧瀰漫，隨手捲菸的客人個個都成了幻影。

我發現爸媽低聲歡迎訪客時，語氣裡雖然帶著驚訝，但沒有受威脅的感覺。所有人都面帶微笑，拍拍我肩膀，問我在學校過得如何，班上有沒有誰比我出色，我有沒有繼續用成績讓黨以我為傲。我總是點點頭，跟他們分享我的好表現。

那時我剛成為先鋒隊員，比同學早了一年。我之前被選中代表學校在二戰英雄陵墓前獻上花圈，現在又負責宣讀忠黨誓詞，朝會時站在全校師生面前，嚴肅高呼：「恩維爾的先鋒隊員們！準備好為黨奮戰了嗎？」「隨時都可以！」先鋒隊員齊聲大喊。爸爸媽媽為我的表現感到驕傲，還帶我去海邊度假作為獎勵。

那年夏天我去參加先鋒營，在那裡待了兩週。每天早上七點起床鐘響，儘管早餐的麵包捲吃起來像橡膠，但餐廳裡分麵包捲的女士們都很親切，甚至很溫柔。早上其他時間，我們會在海邊度過，曬太陽、游泳和踢足球。午餐時間，我們會排隊領飯、優格和葡萄，吃完就回房午休或假裝午睡。下課鐘是傍晚五點。下午我們會打乒乓球或下棋，然後分成不同的學習小隊：數學、自然科學、音樂、美術和作文。晚餐是蔬菜湯，我們總是囫圇吞完，趕著到外頭去搶露天電影的位子。晚上我們會聊到很晚，結交新朋友，年紀最大、最勇敢的先鋒隊員會談戀愛。

白天我們都在比賽，比誰最會理床鋪，誰吃飯最快，誰游最遠，誰知道最多首都，誰讀

＊譯註：原文為義大利文，Sempre più liberi noi/Non è più un sogno e non siamo più soli/ Sempre più uniti noi/ Dammi una mano e vedrai che voli/Insieme . . . unite, unite Europe.

過最多本小說，誰會解三次方程式，誰會最多樂器。老師費盡心血一整年，教我們社會主義團結一心的大道理，那兩週完全被我們拋在腦後。營隊開始沒幾天，上頭就不再勸阻我們競爭，而是按年齡設定規範。賽跑、模擬奧林匹克運動會、詩歌比賽都由上頭統籌，後來更成為營隊生活的基本，只有反動的小資產階級分子才會拒絕參加。兩週結束後，孩子們回到家，身上至少都有一枚紅星、一面小旗子、一張獎狀或獎牌，就算沒有個人獎，也有團體獎。我每種獎勵都有拿到。

我在營隊度過的那兩週，是先鋒營最後一次開辦。我拚了命才拿到的先鋒紅領巾，很快也從我天天圍去上學的寶貝，變成我家拿來擦書架灰塵的抹布。紅星、獎牌、獎狀和「先鋒隊員」的頭銜，不久也將變成博物館裡的文物、來自上個時代的回憶，變成某些人在某些地方經歷過的過去。

那趟海邊度假是我家第一次也是最後一次家人旅行。從此國家不再發放度假券。那年五月一日是工人階級最後一次上街慶祝自由與民主。

一九九〇年十二月十二日，我的國家正式宣告改為多黨制，並將舉行自由選舉。當時距離羅馬尼亞總統西奧塞古處決時高唱〈國際歌〉還不到一年。波灣戰爭剛剛開始，而不久前才統一的柏林，已經能在紀念品店買到柏林圍牆的碎片。那一年多即使發生了這些事件，我的國家仍然不受影響，就算有也只有一點點。米那娃之梟飛起來了，而且一如往常似乎忘了我們。但這回她記得了，折了回來。

社會主義為何會走到盡頭？幾個月前，諾拉老師還在倫理課上向我們解釋，社會主義並不完美，它的到來和共產主義不同。社會主義是獨裁，她說，是無產階級專政。但這和主宰西方帝國主義國家的資產階級專政不一樣，顯然更優越。在社會主義制度下，國家由工人掌管，而非資本；法律是為工人的利益服務，而非只想追求利潤的人。但她坦言社會主義也有問題。階級鬥爭尚未結束，我們還有許多外敵，像是蘇聯，對方早就放棄了共產主義的理想，變成霸道的帝國主義國家，只會派坦克碾壓小國。我們也有不少內賊。那些曾經有錢、如今失去所有特權與資產的人，不斷密謀推翻工人統治，因此必須被懲罰。不過，無產階級終究會獲勝。諾拉老師說，只要人民在人道的制度裡長大，小孩接受正確思想的薰陶，他們就會被感化。階級敵人會愈來愈少，階級鬥爭會減弱，而後停止。這時，共產主義才會真的開始。而這也是共產主義優於社會主義的原因：它不必用法律懲戒人，而是徹底讓人獲得解放。共產主義並不像我們敵人所宣傳的會壓迫個體，而是自有人類以來，頭一回讓人完全自由。

我一直以為沒有什麼能比共產主義更好。我每天早上醒來都希望做點什麼，好讓共產主義快點實現。但一九九〇年十二月，曾經遊行頌揚社會主義、立志奔向共產主義的那群人，卻上街要求結束這一切。人民代表們宣稱，他們在社會主義底下知道的只有暴政與脅迫，而非民主與自由。

那我長大以後怎麼辦？社會主義沒有了，我們要怎麼實現共產主義？正當我不可置信望著電視螢幕，看著政治局總書記宣布主張政治多元不再是犯罪，爸爸媽媽忽然表示他們從來不曾支持黨，也從來不相信黨的權威。我從小看他們每次都投票給黨，現在卻說他們只是記下口號，大家複誦他們就跟著複誦，就像我每天早上在學校宣誓忠黨愛國一樣。可是我和他們不一樣。我是真心相信這一切的。除了社會主義，我什麼都不知道。現在我什麼都沒有了，只剩瑣碎神祕的過去，有如佚失多年的歌劇裡的零碎音符。

隨後幾天，第一個反對黨成立，我爸爸媽媽終於吐露真相，他們版本的真相。他們說我的國家一直是個露天監獄，足足將近半世紀。家人老愛談論的大學確實是教育機構，只不過是很特別的一種教育機構。每當他們提到有親人畢業，其實是指對方剛從牢裡出來。拿到學位是暗語，代表服滿刑期。所有那些字母大學，其實是監獄或勞改營的縮寫，例如B是布瑞爾（Burrel），M是馬利奇（Maliq），S是史巴奇（Spaç）。不同主修科目代表不同罪名：國際關係是叛國罪、文學是「宣傳煽動」、經濟學是比較輕的罪，例如「持有黃金」。學生變老師，意思是前犯人轉成間諜，就像我們的親戚阿梅特和他已故的妻子索妮亞。嚴厲的教授是指奪走許多人性命的官員，例如哈奇，而我爺爺服完刑期竟然和他握手。如果某人成績優秀，就代表他刑期短暫明確；退學代表死刑。至於休學或輟學，例如我爺爺最好的巴黎朋友，就代表自殺。

我發現我從小憎恨的前總理，那個和我爸爸同名的傢伙，兩人會同名同姓根本不是巧合，因為他**就是**我曾祖父。從小到大，這件事壓垮了我爸爸的所有希望。他無法讀自己喜歡的科系，而且必須不斷解釋自己的出身，必須為他不曾犯下的過錯賠罪，為他從未認同的看法道歉。我爺爺和他父親想法徹底對立，甚至打算投身敵營，加入西班牙共和軍，結果為了這場父子關係在獄中付出了十五年光陰。我也一樣，爸爸媽媽對我說，天曉得會付出什麼代價。要不是他們靠撒謊守住祕密，我也會付出代價。

「但我是先鋒隊員，」我反駁道：「而且比同學都早當上。」

「誰都可以當先鋒隊員，」媽媽說：「但妳不會被青年組織接受，也永遠沒辦法入黨。」

「妳有被擋嗎？」我問她。

「我？」媽媽笑了。「我根本沒試。有位新同事推薦過我，結果發現我的出身。」

他們說，我也會為我媽媽家付出代價。我發現媽媽和她堂叔胡森做的紙模型，還有她童年畫的土地、工廠與公寓，全都真有其物，而且在我媽媽出生前都屬於她家所有，直到社會主義來臨，剝奪了她家對這些資產的所有權。黨部所在的那棟大樓，她和爸爸曾經在樓前向我解釋伊斯蘭教是什麼，那棟樓也曾經是她家財產。「妳還記得我們有一回在樓前討論伊斯蘭教嗎？」媽媽問。我點點頭。她問我記不記得，我們每回經過那裡，她都會抬頭看五樓沒有花盆的那扇窗。那裡曾經有一位疑似人民之敵的人站在窗前大喊「阿拉花瓜！」然後跳了出去。時間是一九四七年，那人就是她爺爺。

奶奶也向我交代了她的一生。從我偷聽她和蔻蔻特聊天開始，就不知猜了多少回，她從小到大都經歷了哪些事。奶奶一九一八年出生，是鄂圖曼帝國一位省長的二女兒，有位伯伯是帕夏。她十三歲進撒羅尼迦法語中學（Lycée Français de Salonique），是全校唯一的女學生。十五歲初嚐威士忌，抽了人生第一根菸。十八歲因為全校成績第一拿到一面金牌，十九歲首次造訪阿爾巴尼亞，二十歲當上總理顧問，成為首位進入政府機關服務的女性。廿一歲在索古國王婚禮上遇見我爺爺，兩人啜飲香檳，共舞華爾滋，為新娘感到可憐，同時發現兩人對王室婚禮的反感不下於對君主制的輕蔑。爺爺是社會主義者，但不主張革命，奶奶則隱約是進步派。兩人都來自著名的保守派家庭，世代散居鄂圖曼帝國各地。奶奶廿四歲當上母親，隔年戰爭結束，她最後一次見到撒羅尼迦的親人。廿六歲參加制憲議會選舉，除了女性首次可以投票，也是非共黨左派最後一次有人參選。廿七歲，那些參選人（大多是她的家族好友）統統遭到逮捕處決。爺爺提議找他們戰時認識的、即將撤離的英國官員幫忙，全家移民，但遭到奶奶拒絕。她母親從希臘遠道而來，照顧他倆還在學走的小孩，最近身體不適，她不想拋下母親離開。廿八歲，我爺爺被捕入獄，罪名是宣傳煽動，先是判處絞刑，接著改判終身監禁，最後減輕為十五年。廿九歲，奶奶失去罹癌過世的母親，三十歲被迫離開首都遷往其他城市，卅二歲進勞改營，四十歲已經有許多親人遭到處決或自殺，活下來的也都進了精神病院、流亡海外或待在牢裡。五十歲，她差點死於胸膜炎，六十一歲有了我這個孫女，成為祖母。接下來我都知道了。

奶奶說她曾經想教法文，因為那能讓她想起過去的生活，想起身旁所有人都講法文，還有法國大革命。她跟我講法文，與其說是身分認同，更像是一種反抗，一種小小的不服從，我以後一定會珍惜這件事，她想。等她離開這個世界，每當我想起這件事，就會想到自己出身何處，家裡的古怪政治，還有人們為了自己是誰而付出代價，不論他們想成為什麼。然後就會思考生命如何擺弄你的人生，讓你生來擁有一切，又失去一切。

但奶奶並不懷念過去。她並不想回到那樣的世界，家人都是貴族，講法文、上劇院，還有不識字的僕人替她煮三餐、洗衣服。她從來不是共產主義者，她對我說，卻也不渴望恢復舊制度（ancien régime）。她很清楚自己小時候享有特權，對那套特權有理的說詞也不怎麼買單。她認為階級意識和階級歸屬是兩回事，強調我家的政治立場絕不是沿襲先人，而是出於自由選擇；不是選擇最好用、對我們最有利的，而是我們覺得對的立場。「我們雖然失去了一切，」奶奶說：「但沒有失去自我，也沒有失去尊嚴，因為尊嚴跟金錢、榮譽或頭銜無關。我永遠是我，」她強調：「我到現在依然喜歡威士忌。」

奶奶心平氣和講述這一切，將自己的各個人生階段清楚劃分開來，努力闡明異同，並不時看我有沒有聽懂。她希望我記得她的人生軌跡，瞭解她是自己生命的主人，儘管路上經歷各種障礙，仍然將命運掌握在自己手中。她從來不曾逃避，始終為自己負責。她說，自由就是意識到必然。

我努力理解爸爸媽媽和奶奶那幾週告訴我的事，把他們說的一切記在心裡，之後也和他們重談過許多次。我滿頭霧水，搞不懂我家究竟是正常還是例外，我對自己的新發現是讓我更像其他小孩，還是更像異類。我常聽朋友提起大人有些話他們聽不懂。即使很難理解，他們還是努力破解大人彼此間的談話。也許他們晚上一邊看著達伊蒂或狄雷克蒂播放其他國家的生活景象，一邊也在談黨、談社會主義，甚至討論大學（其實是監獄）的事。也許他們的親戚比較像哈奇，是我奶奶口中的堅信派，不知道什麼時候該嚴格照規矩來，什麼時候可以行使自主權。

當我得知這些事時，說出真相已經不危險了，但我也已經大到開始納悶，家人為何要騙我那麼久。也許他們不信任我。但如果他們不信任我，我又為何應該相信他們？在一個政治和教育深入生活所有方面的社會裡，我是家人與國家共同塑造的成果。當兩者的衝突浮上檯面，我整個人都矇了，不曉得該看哪裡、能相信誰。我有時覺得我們法律不公，統治者殘酷不仁，有時又會想，我家人是不是罪有應得。畢竟他們如果真的在乎自由，就不應該有僕人；如果在乎平等，就不應該那麼有錢。但奶奶說他們也希望這些事能改變。我爺爺是社會主義者，對家人享有的特權深惡痛絕。「那他為什麼會坐牢？」我反問：「肯定是他做了什麼壞事。沒有人會無緣無故坐牢。」「因為階級鬥爭，」奶奶回答：「階級鬥爭永遠很血腥，不管你信仰什麼。」

對黨而言，犧牲個人偏好是歷史必然，是邁向更美好未來的代價。學校告訴我們，每一場革命都會經歷恐怖階段。對我家人而言，這一切沒有什麼好解釋、好辯解的，也沒有脈絡可言，只有他們的生活被無端摧毀。也許我出生時，恐怖階段已經結束，也許尚未開始。我是被新局面給拯救了？還是依然受到詛咒，因為我未曾自己發現過什麼？

我不曉得爸爸媽媽和奶奶到底會不會為了不讓我變成他們不想要的樣子，相信他們不相信的事物，而透露我們是誰。「但妳自己會發現啊，」他們說。

「要是我沒發現呢？」

「妳會發現的啦，」他們很有把握。

隨後幾週，懷疑的感覺不斷向我襲來。我發現我很難接受這個事實，家人們至今所說所做的一切都是謊言，而且一講再講，讓我一直相信旁人告訴我的一切。他們嘴上鼓勵我當個好國民，心底卻早就明白我的出身只會讓我成為階級敵人。他們要是成功了，我就會認同這個體制，但他們會接受我的轉變嗎？也許我會和阿梅特一樣，變成投奔另外一方的可疑親人，不論出於恐懼、確信或監獄教育的影響，還是其他同樣神祕的動機。也許我會因為無法入黨而心懷怨恨，因為發現真相而憎惡黨所代表的一切，成為另一個沉默的敵人。

有天下午，媽媽帶了一份《民主復興報（*Rilindja Demokratike*）》回來。那是首家反對派報紙的發刊號，報社的座右銘是「個人自由必須保障全體自由」。早在許多天前，就有傳言說報紙已經付印，某天早上會在書店販售，因為這裡只有書店有賣報紙。所有人都在等待，而且手裡不忘拿著空罐，這樣萬一被西古力米（Sigurimi）*訊問，就可以說自己只是在排隊買牛奶。爸爸大聲讀出社論內容，標題是「發刊語」。報社立誓將捍衛言論與思想自由，永遠只說真相。「只有真相是自由的。唯有真相自由，自由才能成真，」爸爸朗讀道。

一九九〇年十二月發生的改變，比我出生到當時加起來的變化還多。對某些人而言，歷史就在那時到了盡頭。但感覺不像盡頭，也不像新的開始，至少不是馬上，反而更像證實了某位之前沒有人相信的先知所言不虛。他預言了人人害怕、卻又沒人認為會發生的災難。於是我們花了數十年提防敵人發動攻擊，為核戰做準備、設計地下碉堡、鎮壓異議人士、提防反革命宣傳、想像反革命的樣貌。我們拚命攫取敵人的權力、反轉對方的宣傳、對抗敵人腐化我們的企圖、和對方軍備競賽，可是當敵人真的現形，看上去卻和我們自己

＊ 譯註：Sigurimi 為阿爾巴尼亞國家保安局，相當於祕密警察。

幾乎沒有兩樣。眼前發生的一切，我們無法歸類，無法定義自己失去什麼，又換得了什麼。

國家一直諄諄告誡我們，無產階級專政始終受到資產階級專政的威脅。只是我們怎麼也想不到，這場衝突的第一個受害者，最明顯的勝利徵兆，竟是**專政**、**無產階級**、**資產階級**這些詞彙的消失，不再屬於我們用語的一部分。國家衰微之前，表達那份壯志的語言本身就先式微了。社會主義，也就是我們所生活的這個社會，消失了。共產主義，也就是我們期望建立的那個不再有階級鬥爭、人人都能充分發揮潛能的社會，也消失了，而且消失的不僅是一個理想或一套統治制度，還是一個思想範疇。

只有一個詞留了下來：**自由**。它出現在電視上的每場演說裡，街頭吶喊的每個口號中。但當自由真的到來，卻像沒解凍就端上桌的魚肉。我們嚼也沒嚼就吞下肚，但還是沒飽。有些人猜想，我們是不是拿到剩菜，有些人則說這只是開胃菜。

一九九〇年十二月前的那幾天、那幾個月，我照樣走路上學，在教室裡上課，到街上玩，跟家人一起吃飯，聽廣播看電視，就和其他日子沒有兩樣。當初所有行動、需求與信念，後來在記憶裡意義統統變得徹底不同。當我們說起那段艱難時光，講的全是勇敢的姿態、適時的決定與成熟的反應，無法想像一路上曾經發生意外，計畫出過差錯。之前覺得天方夜譚的情節，後來都成了必然發生的事實。我們無法想像失敗。失敗是我們揮別的海岸，不會是我們抵達的港灣。

然而我對當時的記憶只有恐懼、困惑與遲疑。我們用**自由**稱呼那終於實現的理想，就跟我們之前一樣。但改變實在太大，讓人很難說那依然是「我們」。過去五十年來，所有人都活在同一個合作與壓迫的結構之下，扮演特定的社會角色；如今他們不得不變換角色，但扮演者仍然是同一批人。親戚鄰居和同事彼此敵對又互相支持、彼此猜疑又互相信賴、彼此監視又互相掩護。獄警曾是囚犯，受害者曾是施害者。

我永遠不會曉得，那年五月一日上街慶祝的工人和十二月初上街抗議的是不是同一批人，也永遠不會曉得，要是我問的問題不同，或得到的回答不一樣，甚至完全沒有得到回答，我會變成怎樣。

事情先是這樣，然後變成那樣。我先是這樣，然後變成那樣。

第二部

freedom

十一、灰襪子

「妳家的人會投給誰？」新年前幾天，政府宣布將舉行自由選舉後，艾隆娜在學校問我。

「投給自由，」我說：「自由和民主。」

「嗯，我爸爸也是，」她說：「他說黨錯了。」

「哪裡錯了？」

「幾乎都錯了。妳覺得黨對神的說法是錯的嗎？」

我遲疑不答。我知道艾隆娜為什麼想知道，但不想惹她生氣。可是我終究無法說謊。短暫沉默之後，我跟她說我不相信有神，但才說完就後悔了。「我不知道，」於是我趕緊改變說法：「黨顯然有很多事情都說錯了，所以我們現在才改成多黨制，也就是有很多不同的政黨，另外再加上自由選舉，讓人民選擇投哪個黨，判斷誰是正確人選。這是我爸爸跟我說的。」

「難怪諾拉老師會說宗教是人民的**樣片**，」艾隆娜說：「這點黨說得沒錯。」

「我不記得諾拉老師有這樣說，只記得她說宗教是這個沒心沒肝的世界裡的心。我有再問妮妮關於神的事，但她說她不認識神，只相信自己的良心，誰曉得那是什麼意思。」

「也許她的意思是改成多黨制之後，有些黨說有神，有些黨說沒有神，最後誰贏了選舉，就能決定什麼是對的，」艾隆娜若有所思地說。

「他們不能老是那樣做，否則政黨為了贏得選舉，一定會設法說服人民相信宙斯或雅典娜存在，我們必須像古希臘人一樣獻祭給神。」

「我們阻止不了他們了，」艾隆娜說：「這就是重點。我們現在自由了，所有人想說什麼就說什麼。」

我不可置信地搖搖頭說：「這樣一來，他們誰贏得選舉，誰就得取消和恢復聖誕節或除夕之類的東西。他們得有事實才行。我們社會主義只看科學，不捏造事實。科學是真實的，因為可以做實驗，驗證理論。我不知道要怎麼驗證神。」

「我還是相信有神，一點點，」艾隆娜說：「我是說，我也絕對相信科學，但我同樣相信有神，妳呢？」她追問道。

「我不知道，」我又說一次。「我不曉得該怎麼想。我以前相信社會主義，而且期盼共產主義。我覺得我們對抗剝削是對的，讓工人階級獲得權力也沒錯。但我爸爸媽媽現在說，我們在階級鬥爭站在了錯誤的那一邊。」

「現在沒有人相信社會主義了，連工人階級也一樣，」艾隆娜說。

「妳爸爸相信社會主義嗎？」我問：「妳家在階級鬥爭的哪一邊？」

「我爸，」艾隆娜想了想：「我覺得他不信。我是說，他是開巴士的，是工人階級，五月一日總是和他單位一起上街遊行，但現在只要電視上看見黨書記就會開罵。他最近很容易發火，酒也喝得比以前凶，很難讓他冷靜。我妹妹米米還在孤兒院。他原本答應六個月後就會帶她回家，現在卻說我們養不起她。他以前喝醉了很開心，現在總是一直生氣。我想他從來沒有相信過社會主義。」

「我爸爸媽媽也變了。他們以前就算停電也不會生氣，現在動不動就發火，大喊『混蛋！混蛋！』但我放學回家晚了，只有奶奶會留意。至少她還是一樣，完全沒變。」

「我爺爺說他一直相信有神，一點點，」艾隆娜接著說：「就算之前宗教被廢除，他還是偷偷慶祝聖誕節。他是黨員。他說黨做了不少好事，例如讓每個人都讀書識字、蓋醫院、供應電力等等。但黨也做了可怕的事，例如摧毀教堂和殺人。他說他是社會主義者，也是基督徒，還說基督徒很容易成為社會主義者。他還在黨裡面，沒有離開。」

「我爺爺也是社會主義者，」我說：「他在牢裡待了十五年。我爸爸媽媽沒機會入黨。」

「那太奇怪了，」艾隆娜說：「我爺爺說，現在是多黨制了，或許可以重新蓋教堂。他說我媽媽在天堂，他為她禱告。我要他也教我禱告。」

「我們是穆斯林，」我說：「我們去清真寺。我是說，現在沒有清真寺了，所以我不曉得如果重新蓋清真寺，我們會不會去。我媽媽說她家族一直相信有神。」

「我不在乎聖誕節或除夕，」艾隆娜說：「他們想慶祝什麼都行，投票給誰都可以。選舉會在某個週日舉行，他們沒有改變這件事。妳知道基督徒都是週日上教堂嗎？」

我聳聳肩。「我們是穆斯林，」我又說了一次：「我不確定我們週日應該做什麼，我想到時再看吧。」

結果就是我們都賴在床上不起來。第一次舉行公平自由選舉的那個週日早晨，我們全家都躲在被窩裡。爸爸會不時起身到廚房看新聞。「時間到了，」回來時他低聲道，彷彿聲音會讓穿透厚厚窗簾的陽光變強，破壞大家死賴在床上的努力似的。他站在臥房門口，臉上帶著每回宣布重大事件的嚴肅表情。但這回的重大事件只有一個數字：三十。

然後他就回到自己房間。一小時後，他會重複相同動作，去廚房看新聞，到門口告訴我們最新數字。四十，他說，然後變成五十。每回被子底下都會傳來聲音，就像有人刻意壓低歡呼似的。「愈來愈高了，」奶奶輕聲說道。她和我們躺在床上，彷彿現在是半夜了微微拉高棉被。「我不認為會到一百，」爸爸說。後來歡呼聲大了，再也遮蓋不住。「我們必須繼續睡覺，」奶奶說。

但我們沒辦法熟睡，只能打瞌睡，就像有時想重返美夢或不想面對現實而逼自己再睡著的那種淺眠。但那回夢裡混雜著新聞，我夢見了投票率。

我們希望投票率高，但速度不能快，不能一次飆到頂，而且必須低於百分之九十九。那天稍早，新聞報導投票率接近百分之百。如果這樣，就代表這場選舉和之前一樣，既不自由也不公平。過去選舉日當天，我的家人清晨五點就會起床，六點已經在投票所排隊，七點就投完票，九點政府就會宣布選舉結果。「人民的選票就是射向敵人心臟的子彈，」政府標語這樣寫道，因此我爸爸媽媽覺得愈早到投票所，就愈不會讓別人起疑，覺得我們不想對敵人開槍。

我們通常都是最早到的。投票隊伍跟買牛奶的隊伍很像，半夜就開始有人排隊，差別在於前一晚不會有袋子、罐子或石頭占位子，也沒有人吵吵鬧鬧或在隊伍裡找熟人，自始至終都沒有隨時會失控的感覺。一切是那麼井然有序、安穩平靜，這讓我得出一個結論，投票本質上比買牛奶更令人滿足，顯然更令人心情開朗。至於我爸爸媽媽，他們熱衷於投票和心情開朗的程度，讓我覺得自己非做點非我不可的事才追得上他們。我有時會在選務人員面前為黨朗讀詩歌，有時會在投票箱前獻花，擺在恩維爾叔叔照片旁。

社會主義時代的選舉，我有印象的最後一次是一九八七年。我寫了詩打算親自朗讀，因為我心想自己年紀太小不能投票，詩可以當成子彈。但我很為難，不曉得該生出哪種砲彈，威力又足不足以摧毀敵人。奶奶要我放心，說我的詩寫得很好，但爸爸媽媽不希望我期待過高，就跟我說他們不曉得到時會不會有時間朗讀。得看隊伍多長，他們說。

我們出門時，天還是黑的。我焦慮得緊抓著爸爸的右手，發現他和我一樣手心冒汗。我們在投票所外頭排隊，直到圈票處開放，輪我們投票。選務人員遞給我爸爸一張白紙，上頭印著候選人姓名，全是民主陣線（Democratic Front）黨員，因為只有這個黨能提名候選人。爸爸看也沒看就圈選完畢，將紙折了兩折放進紅箱子裡。他兩眼盯著選務人員，看對方替接著投票的我媽媽準備選票，然後朝對方點了點頭。那人舉拳回禮，我也舉起拳頭。只要有人舉拳，我就會跟著照做。

我對讀詩沒有半點印象。我肯定在最後一刻反悔了，覺得詩寫得不夠好，或是我爸爸媽媽想到什麼詭計，將我騙到外頭，免得讓他們更丟臉。

如今換成自由公平的選舉，一切都改變了。我們不再需要早起，也不用排隊。沒有人在乎我們投不投票。我們有一整天可以去投票所，如果不想投票，也可以選擇棄權。所有人都賴在床上，彷彿還在猶豫犧牲睡眠去投票到底值不值得，就算值得，又要把票投給誰。

選舉前一晚，所有人都把明天要穿的衣服擺好。我從小只看過奶奶穿黑衣，以便悼念死去的爺爺。但那天她卻從大木箱裡撈出了一件白色大圓點短衫。她上一回為了選舉盛裝打扮已經是一九四六年了。奶奶說她當時還戴了帽子，加上珍珠項鍊。她開玩笑說，那頂帽子可能還掛在國家電影館的衣帽間。資產階級被沒收的衣物最後大多送到了那裡。

爸爸媽媽為了早點或晚點去投票起了爭執。沒有人可以預測選舉之後會如何。一九四六年的選舉不斷浮上大家心頭。那年選舉結局並不好。選後不久，我爺爺就被逮捕，其餘家人則被驅逐。歷史會重演嗎？

「當時情況不同，」爸爸提醒道：「蘇聯贏了戰爭，但這回他們輸了。」「對啦，蘇聯，」媽媽接口道，顯然語氣不悅。「蘇聯去年這時就完蛋了，但你人在哪裡？」她問。這句話是明知故問，因為她立刻改變語氣，發出致命一擊：「預備五月一日大遊行。」

爸爸帶著不知哪來的自信搖搖頭說：「恩維爾完了，黨也完了。」他信誓旦旦：「我們回不去了。」

幾週前，首都大廣場的霍查像被人推倒了。學生絕食抗議，要求大學改名，因為校名依然有「霍查」兩個字。黨代表不知如何回應最恰當，便提議舉辦學生公投，結果讓衝突變得更加劇烈。

但黨並沒有完。它很快就從**唯一**的黨，變成**其中**一黨，和許多政黨並列，並改名為阿爾巴尼亞社會黨，跟別的政黨爭奪國會席次。各政黨都有自己的候選人、自己的報紙、自己的節目、自己的黨綱和名單。名單裡有些人曾是黨的成員，但最近轉換陣營，有些人依然死忠。黨竟然能這樣分裂繁殖，既是疾病又是解藥，既是萬惡淵藪又是一切希望的來源，讓它從此帶上神話色彩，其後多年被人當作一切不幸的根由、一道黑暗詛咒，讓自由看來像是暴政，讓必然看來像是選擇。擺脫黨的無所不在獲得自由，感覺就像突然察覺你嘴裡咬著繩子。黨雖然消失了，卻依然存在。它高高在上，卻又深入一切。所有人、所有事物都來自黨。它變了聲音，換了形狀，改說新的語言，但它的靈魂是什麼顏色？它究竟是否成為過它向來要成為的？只有歷史能告訴我們。但當時歷史還沒造成，我們有的只有新的選舉。

「投票是義務，」投票前一晚，妮妮這樣說。「我們不投票，就是讓別人替我們做決定，結果就會和之前一樣，等於看也不看就將選票投進票匭。」

選舉當天早上，我想著奶奶的話。爸爸媽媽為何對投票猶豫不決？為何不去感受他們一直渴望的自由？刻意打呵欠、裝睡、假裝不知所措，在在讓人感覺這些年來，他們要的不是事情確實發生，而是永遠擁有抽象的可能性。如今那樣**東西**就在眼前，爸爸媽媽卻害怕失控，不去行使選舉照理可以帶來的選擇自由，只因為不想玷汙這份選擇。或許他們不想支持特定的人或政策，免得日後失望。或許他們擔心其他數百萬選民的原則與動機和他們不同，這些人的選擇只會帶來同樣的結果，讓他們的希望成為幻影。

我和弟弟又等了一會兒，然後衝進爸爸媽媽的房間，發現他們倆仍然裹著拒絕面對現實的毯子，直挺挺躺在床上。他們從頭到腳蓋著棉被，看上去就像剛被拖進手術房裡的病人。我們走到床邊，滿臉困惑觀察他們。爸爸媽媽察覺我們在旁邊，立刻轉身背對我們，接著一個聲音從棉被底下傳來：「走開，時間還沒到。」

我和弟弟走回房間，我開始聽廣播。新聞報導有幾群南部偏鄉來的人走上街頭，他們手裡拿著霍查的照片，高喊支持共產黨的口號，警告投票的人很快就會後悔。記者將這些緬懷過去的示威定名為「反示威」，以便和幾週前反政府的真示威區隔開來。「種田的傢伙，」奶奶評論道：「他們懂什麼？」

那些示威者包括農民、工人和共青團員，其實稱作「捍衛霍查回憶志願軍」。他們從選前幾週，霍查像被毀之後就開始聚集。「頭像或許移走了，但霍查永遠不會被推倒。」黨部事後回應，但情況已經難以轉圜。反示威者就像吊在懸崖邊的人，牢牢抓著這個國家少數殘留的共產黨象徵。他們也害怕未來。但和我爸爸媽媽不同，他們許多人依然認同過去。黨總是替他們說話，為他們做事。我的家人是國家暴力的受害者，他們是幫手。

反示威只又持續了幾個月。原本的改革之舉，愈來愈常被封為革命。其他革命總有壓迫者與被壓迫者、贏家和輸家、受害者與加害者。但這場革命的責任鏈實在太複雜，以致只會有一個陣營。處決領導人、關押特務或處分前黨員只會激化矛盾，催生報復的欲望，沾染更多鮮血；完全抹消責任，假裝所有人自始至終都是無辜的，感覺更明智。唯一可以公然點名的罪魁禍首全是那些已經死去，無法為自己辯駁或脫罪的人，其餘統統變成受害者。既然沒有加害者，那就只能怪罪理念了。共產主義作為理想，在某些人眼中是窮途末路，在某些人眼中則是窮凶惡極，光是提起它就會遭到奚落或憎惡。這場稱作「天鵝絨革命」的革命，不是人民對抗壓迫者，而是人民對抗概念。

後來我家人總算認為時間到了，投票已經快結束了。我們匆忙出門，見到許多人手指比V互相打招呼。這是象徵自由民主的新手勢。我和弟弟發現從拳頭換成比V一點也不難。媽媽顯然練習過，爸爸起初似乎有些遲疑，至於始終保有幾分上流架子的奶奶，可能覺得這個手勢有失身分。又或者這個手勢就和發明它的同盟國部隊一樣，於一九四六年繞過了阿爾巴尼亞。

街頭宣傳者遞給了我們幾張印有反對黨標誌的貼紙，藍色的大寫P代表黨（Party），蜷縮在代表民主（Democratic）的大寫D裡，彷彿在其中尋得了庇護一般。我從來沒見過貼紙。我黏了幾張在自己胸口，又黏了幾張在櫥窗上，創造出店裡有東西可賣的錯覺。我還黏了幾張在路旁為數不多的車子的門上。進到投票所，我弟原本想黏一張貼紙在票匭附近，結果被制止，於是他只好偷偷黏在桌子底下。

隔天早上，選舉結果出爐了。反對黨敗得非常徹底。社會黨贏得了六成以上的選票，大獲全勝。媽媽表示選舉既不自由也不公平。她說整場選舉都是黨一手策劃的。期望黨和其他政黨公平競爭而贏得選舉，根本是癡人說夢。整件事就是個騙局。

事實證明，媽媽的話太重了，至少在當時蒞臨我國的遊客眼中是如此。他們手拿記事本和電視攝影機，現在統稱為「國際社會」。他們的解釋開了先例，就是唯有國際社會的解釋才有公信力。而他們對這件事的解釋和我媽媽不一樣。他們認為反對黨的準備時間太少，在鄉鎮找不到候選人，而且資深異議分子才剛出獄，根本來不及參選。

隨後幾個月，各地示威動亂愈來愈多。北部某次示威遊行傳出不明槍響，造成四名反對派人士死亡，社會主義到自由主義的轉型就此沾上鮮血，民主出現了殉道者。幾週後，礦工在新獨立的工會安排下進行絕食抗議，但他們要求的是經濟，而非政治主張。黨和反對派都同意需要改革，只是對執行方式看法不同。新口號出現，取代了過去的社會主義標語，強調解釋與保證、警告與規定、鼓舞民心與撫平傷口。這個口號無所不包，從食物短缺和工廠倒閉的悲慘現實到政治改革與市場自由化的必然性，統統含括在內。它只有四個字，就叫**休克療法**。

休克療法源自精神病學，方法是電擊大腦以緩解精神重症患者的症狀。以我們而言，計畫經濟就是精神疾病，休克療法就是轉型貨幣政策，包括平衡預算、物價自由化、取消政府補貼、國營事業私有化、開放外國貿易與投資。市場行為將自我調節，新實施的資本主義體制無須中央管控也能高效運作。雖然危機可期，但人民過去早就為了更美好的未來做出種種犧牲，這將是最後一搏。憑著激烈手段與良好用意，患者很快就會從休克狀態恢復，享受治療帶來的好處。快而狠是關鍵。馬克思與恩格斯幾乎一夜之間就被傅利曼和海耶克所取代。

「自由有用，」美國國務卿貝克（James Baker）在阿爾巴尼亞首府對著自發前來的三十多萬群眾說。這是美國首次有官員造訪我們國家。貝克表示美國支持阿爾巴尼亞朝自由邁進，並強調新法的精神和其字面意義一樣重要。美國政府和民間組織都將參與，協助我們走上正軌，建立「民主、市場和憲政體制」。

新政府沒活多久。國際社會的壓力、不斷增加的洗劫與街頭暴力，以及經濟惡化，逼得黨只能再次舉行選舉。不到一年，國家又進入競選模式。這回提倡迅速改變的政治勢力有了更多時間準備。

某天下午，斯帕希亞（Bashkim Spahia）一臉激動來敲我家的門。他是醫生、前黨員，目前是反對派候選人。他穿著炭灰色外套，是布里茲涅夫（Leonid Brezhnev）喜歡的款式，裡面是紫色T恤，搭配紫色長褲，胸口印著粉紅色的英文大字：「親愛的朋友，祝你好夢（Sweet dreams, my lovely friends）」。

斯帕希亞問我爸爸，有沒有灰襪子可以借他用幾個月。他說他挨家挨戶敲門，並解釋自己這樣做是因為美國國務院發過小手冊，裡面有關於競選的重要建議，例如國會議員候選人該穿什麼等等。「顯然只能穿深色襪子，灰色或黑色都可以，但最好是灰色，」斯帕希亞一臉喪氣補充道：「我只有白襪子。他們還說我需要**精主**，什麼叫**精主**？我連能穿的襪子都沒有！」斯帕希亞絕望喊道。

爸爸媽媽請他進門喝咖啡。他們試著解釋美國國務院不可能提供這類建議，來源有可能是美國大使館。即使如此，也不可能沒有彈性。斯帕希亞搖搖頭，絲毫沒有被安慰。小冊子是他兒子翻譯的，他這樣強調，而且向他保證有國務院的版權頁。少了顏色正確的襪子，他絕不可能從那些齷齪的共產黨混帳手裡贏回國會席次。

斯帕希亞宣布勝選那晚，我們在電視辯論會上看見他穿著奶奶織給我爸爸的那雙灰色厚羊毛襪。能助斯帕希亞一臂之力，我家人都覺得很驕傲。他們沒有心懷妒忌，甚至樂得忽略斯帕希亞的太太薇拉曾經向地方議會申訴，說我爸爸媽媽週日不想打掃街道，也沒有抱怨斯帕希亞一直沒有把襪子還給我爸爸。短短時間內，我們的街坊醫師不僅成為充滿魅力的政治家，還是非常成功的生意人，身上的行頭從「祝你好夢」換成勞力士錶，布里茲涅夫外套換成雨果博斯。我猜他連襪子都換成絲做的了。我們很少再見到他，就算見到也隔著老遠，看他甩上亮黑賓士轎車的車門，身旁都是壯漢保鏢。上前指責他盜用我爸爸的襪子非但沒有人會信，也不聰明。

十二、雅典來的一封信

一九九一年元月，首次自由公平選舉前，奶奶收到雅典來的一封信，信裡署名卡特琳娜·斯塔馬提司（Katerina Stamatis），但她從來沒有聽過這個人。開信前，我們把信拿去給帕帕夫婦看，一小群鄰居跟著聚在了他們家。朵妮卡在郵局服務了一輩子，我們將信交給她。她站在客廳中央，身旁圍著一圈好奇的臉龐，兩眼盯著乳黃色薄信封看。信封上用墨水筆寫了一串希臘字，宛如預言未來的象形文。

我知道朵妮卡不懂希臘文，因為幾星期前，她才請我奶奶翻譯一個裝著黃色液體的罐子上的成分表給她聽。那罐東西是她親戚最近去希臘旅行買回來送她的禮物。她原本以為那是外國的檸檬洗髮精，就拿來洗頭，洗完又刺又癢，感覺很不對勁。經過我奶奶翻譯，這才發現裡頭含有一個之前沒聽過的奇特成分，叫做洗碗精。

朵妮卡拿著信封前後翻看，默默研究了幾分鐘，臉上一本正經的表情讓客廳裡瀰漫期待的沉默。她將信封拿到鼻子底下，對著不同區塊嗅了嗅，每嗅一回就長吁口氣。她搖搖頭，不認同地咋了咋舌頭，接著便將食指伸到信封蓋口底下，拇指夾住蓋口，沿著信封邊緩緩悶悶地移動雙指，同時專心得皺起眉頭，彷彿這個動作讓她很痛苦，又不得不忍受。

檢查完後，她抬起頭準備說話，臉上表情從沮喪緩緩轉為憤怒。

「信封開過了，」她望著門大聲宣布：「他們拆開來看過。」

客廳裡從沉默轉為竊竊私語。

「混蛋，」媽媽好不容易擠出這一句。

「他們不只拆過一次，而是好幾次，」朵妮卡解釋道。

「對啊，明顯得很，」她丈夫米哈爾接口道：「郵局又沒換人，他們只是老規矩，照之前的方法做。」

幾位鄰居點點頭，其他人則不同意。「他們應該規定郵局員工別再拆信，」朵妮卡答道。

「隱私，」媽媽說：「隱私太重要了，我們之前從來沒有隱私。」接著她又說，除非郵局私有化，否則一切不會改變，唯有私有化才能讓人重視隱私。

大家都同意隱私很重要。「不只重要，而且是權利，你的權利，」朵妮卡解釋道。拆信封多年的她，這話講來特別有智慧與公信力。

接著，眾人請奶奶大聲讀信，並逐字翻譯。寄信人卡特琳娜・斯塔馬提司自稱是我曾祖父生意夥伴尼可斯的女兒。她說曾祖父一九五〇年代中葉在撒羅尼迦過世時，尼可斯就隨侍在側。她想知道我奶奶是否考慮採取法律行動，要回她家在希臘曾經擁有的資產與土地，並表示願意提供協助。奶奶說她對這個名字稍微有印象，應該不是詐騙。

妮妮最後一次見到她父親，是一九四一年六月她在地亞那舉行的婚禮上。戰後照她的說法「路都堵住了」，儘管她記得曾經收到來自雅典的電報，告知父親過世的消息，但她申請不到護照，無法去參加葬禮，也不清楚他過世的情形。她記得那是將近四十年前的事了，她白天在田裡工作，晚上到一位黨部要員家裡教他兒子法文。接到她父親死訊那天，他們正講到所有格。她要小男孩用「妳的」造句，男孩說：「妳的眼睛看起來紅紅的。」那個男孩後來也成為黨部要員，就是批准我提前入學的那位梅赫梅特同志。

信裡，卡特琳娜動人描述了她父親尼可斯對我曾祖父的忠誠。她回憶父親臨終前，她承諾只要阿爾巴尼亞政局轉變，她就會設法聯絡我奶奶。接著她用比較不帶情緒的口吻寫道，這件事對兩家人都有利。如果我奶奶到雅典，她會負責接待，陪她調閱相關檔案，協助她聯繫律師研究這件事。

得知這個消息，奶奶的反應就像她已經為這個角色排練了一輩子，知道自己總有一天需要演這場戲。她的心思轉到另外一項財務考量上。自從得到黨的許可，在我長大的街坊自己蓋房子後，我爸爸媽媽就負債累累。他們四處欠錢，從叔叔、媽媽的同事到住在其他城鎮的遠親，他們都借了錢。那天，妮妮和我爸爸媽媽跟鄰居一起坐下來商量，討論她拿不拿得到簽證，外加各種計算：家裡還欠多少錢？我爸爸媽媽每個月月底會剩多少錢？奶奶的退休金多少？她有沒有錢去希臘？他們盡可能列出所有細節，很快就發現我家的積蓄只夠在雅典待一天，更別說簽證申請費和兩週的旅行開銷了。

奶奶曾經給我看過阿爾巴尼亞還是王國時期簽發的一份文件，上頭有她的黑白照片，釘在硬紙頁上，還有幾行字註明她的身高、髮色、眼睛顏色、出生日期地點與胎記。她將護照跟艾菲爾鐵塔明信片和爺爺出獄之後寫給霍查的信收在同一個抽屜裡。照片裡，奶奶神情嚴肅，要不是才十七歲，一定讓人覺得很臭屁。她頭髮剪得很短，刻意讓人感覺不到任何造型，雙唇緊抿，似乎拚了命在忍住笑意。她的整個姿態似乎都在努力告訴見到這本護照的人，性別欄註明「女性」就算不是行政人員誤植，也只是巧合。

「這就是我們需要的東西，」奶奶常說：「它叫護照。」她告訴我，護照決定了路是開放或堵住的。只要有護照就能旅行，否則就哪裡也去不了。阿爾巴尼亞只有少數人可以申請護照，通常是為了工作，而是不是工作由黨說了算，因此我們只能等。「護照裡可以加上小孩的照片，」奶奶說：「我假如拿到護照，就帶妳跟我去。」

一九九〇年十二月，我發現我的家人顯然不是在等黨核發護照，而是在等護照可以捱過黨下台，就像之前捱過國王流亡那樣。但當我聽見他們收到雅典來信之後，在朵妮卡家客廳耐心討論錢夠不夠讓奶奶和我去希臘時，心裡卻生出新的困惑。我發現擁有護照還不夠，護照只是最開始也最眼前的障礙，之後還有一連串愈來愈抽象、愈來愈遠的麻煩要克服。我們還得拿到簽證，路才算真的打開，但不論垂死掙扎的黨或新成立的政黨都沒辦法保證這一點。更令人喪氣的是，就算我們順利拿到護照和簽證，旅費也不會隨之而來。我們怎麼出國旅行？大人們花了出奇久的時間才得出想也知道的結論：沒辦法。

幾天後，雅典來的那封信被小心折好收回信封，擺在我家客廳的矮桌上，花瓶和我們拿來招待客人的那包菸旁邊。沒有人敢把它收進抽屜，因為只有已經過去的東西能放進那裡，而我們還不想把那封信當成過去，仍然想把它當成現在，甚至未來，即使是遙遠的來日。媽媽對待那封信，就像照顧剛被馴化但還會咬人的寵物一樣。她小心擦去矮桌上的灰塵，不讓花瓶的水滴到信封上。我們還用寄件人的名字替信取了小名，叫做「卡蒂（Keti）」。除了我媽媽，家裡其他人都不敢走近，總是躡手躡腳繞過它，偶爾偷瞄一眼，但多數時候都假裝它不存在。有一兩回，那封信成了家人爭執的導火線，不是吵該如何回信，才不會提早斷了出國旅行的可能，就是指責對方從前應該好好理財，或是推敲還可以向誰借錢，不用再向借過的人借。

我們剛決定放棄希望，外婆諾娜（Nona Fozi）就帶著救兵來了。她來幫我弟弟過生日，瞥見桌上的卡蒂，便問我們雅典之行準備得怎麼樣了。妮妮嘆了口氣。

「我們去雅典比加加林上太空還難，」爸爸開玩笑說。

「卡特琳娜同志答應付機票，」我焦急地插嘴解釋道：「我們也湊到了辦簽證的錢，但大老遠去希臘一趟不能沒有備用金，出事才有辦法應急。」

諾娜聽完咖啡沒喝、蛋糕也沒吃就匆忙離開我家，半小時後又趕了回來。她右手緊緊握著某樣東西，從遠處向我們揮手，跟共產黨員的敬禮動作一樣。她走到我們放卡蒂的矮桌前才鬆開右手，動作無比精準，眼裡閃著驕傲。只見五枚拿破崙金幣叮叮噹噹落在信封上，聲音和列克掉在地板上的悶響完全不同。對我們來說，那聲音就跟金幣的來源一樣陌生，離我們的世界很遠。沒有人知道諾娜手上還有黃金。媽媽曾經懷疑她爸爸媽媽是否偷藏了一些黃金，沒讓家裡財物全數充公。但她說她不大相信，因為就算家人餓到極點，她爸爸媽媽說到黃金也只會用假設的口吻，好像光提黃金就能填飽肚子似的。諾娜說她藏了一點黃金沒讓政府收走，並且擺在安全的地方，就為了等路開放。「拿去，」諾娜用事後證明她果然有先見之明的滿足語氣對妮妮說：「妳們可以出國了。因沙拉（Inshallah*）那些黃金會翻倍。」

爸爸拿著金幣到銀行換成紙鈔，沒多久就帶著一張百元鈔回來。大人開始熱烈討論，該把鈔票藏在哪裡才不會花掉或不見。我家客廳一度擠進十五位鄰居，爭相表示願意出借他們的錢包，各種年代和尺寸都有，但仔細檢查過後，沒有一個夠安全，因為「所有人都知道西方扒手滿天飛」。刪除掉不少選擇（包括藏在手提箱底、夾在書裡、塞進護身符）後，所有人一致同意將鈔票縫進奶奶裙襬裡，並建議她只有睡覺時才把裙子脫下來，而且絕對不能洗。

＊ 譯註：因沙拉是阿拉伯語，意思是「如果阿拉願意」，可以表達期待（真心希望發生）或敷衍（沒有只能怪老天爺了）。

出發當天，鄰居夾道歡送我們，家家戶戶搶著送上我們在旅途中可能會用到的東西，包括報紙包著的餡餅、幸運蒜頭，以及萬一斯塔馬提司家的人沒有出現，我們可以聯繫的失聯已久的親戚的姓名（但沒有地址）。奶奶在車上不停擺弄裙子，確認百元大鈔還在裙裡。她臉上帶著莊嚴的神情和一抹假笑，意思是：「我很清楚不會有女士一邊弄裙子一邊走進機場」。在出境大廳，我們最大的恐懼差點就成真了。「我沒摸到，」妮妮驚惶說道。我們立刻衝進洗手間。因為妮妮無法彎身去看裙襬的小孔，我只好趴在地上去看紙鈔是否還在裡面。紙鈔確實還在，只是有一點皺，彷彿在抗議自己好不容易離開了貨幣店，卻只換來塞進奶奶裙裡的命運。

機場的出境大廳基本上是空的，只有幾個外國人在候機或在入口處的小商店買東西。那家小店雖然跟貨幣店很像，但從架上東西就能看出不同。奶奶說店員的笑很像間諜。「間諜怎麼笑？」我問她。「就像這樣，」奶奶邊說邊張開嘴角但沒有露出牙齒。「看起來跟普通的笑一樣啊，」我說。「沒錯，」奶奶說：「這就是重點。」

機場不時能見到穿著藍色制服的警察。其中一人看了看護照上的貼紙（我前陣子得知這叫簽證），然後在上頭蓋章。其餘警察等著我們送上行李接受檢查。我想起媽媽發現雅典來的信被人拆過時的反應，忍不住低聲罵了句「混帳」。妮妮一臉困惑。

「這個國家沒有人在乎隱私是吧？」檢查過後，我說：「我猜機場也沒有重新僱人。」

我在飛機上見到了人生中第一個彩色塑膠袋。空服員問我們是不是頭一回搭飛機，接著將塑膠袋遞給我，讓我想吐時用。接下來我一直問自己是否想吐，結果始終沒有發生，讓我很擔心。午餐裝在塑膠餐盤裡，但我們自己有帶餡餅。我們把午餐留著，以防晚點會餓，但也因為我們從來沒有見過這種東西，很想將這些塑膠餐盤餐具帶回家，在特殊場合拿出來用。「好漂亮，」奶奶說：「戰前沒有這種東西。我不記得見過這種材質。」

到了雅典，奶奶鼓勵我開始寫日記。於是我記下自己頭一回接觸到的新事物，並仔細記錄自己的感受：我頭一回感覺冷氣吹在手掌上；頭一回嚐香蕉；頭一回見到紅綠燈；頭一回穿牛仔褲；頭一回不需要排隊就能進店裡；頭一回遇到邊境管制；頭一回看見車子排隊，而不是人排隊；頭一回坐著而不是蹲著上廁所；頭一回看見人用繩子牽著狗跟在狗後頭，而不是流浪狗跟在人後頭；頭一回拿到真正的口香糖，而不只是包裝紙；頭一回見到滿是店面的樓房和擺滿玩具的櫥窗；頭一回見到墓園裡有十字架；頭一回見到牆上貼著廣告，而非反帝國主義口號；頭一回瞻仰衛城，但只是從外面欣賞，因為我們買不起門票。我還詳細描述了自己頭一回以遊客小孩身分遇到其他遊客小孩。我發現他們竟然不認得雅典娜和尤里西斯的名字，而他們則是笑我竟然不認得那隻顯然很有名、叫做米奇的老鼠。

招待我們的卡特琳娜和她先生，住在艾卡里（Ekali）的一間頂樓套房。那裡是雅典北郊的富人區，從隔開別墅與普通世界的鐵門望去，可以見到大院子、修剪整齊的草坪和泳池。斯塔馬提司家沒有泳池，但有更奇特的東西：五個不同大小的冰箱，擺在不同房間，而且沒有一個是南斯拉夫的奧博丁牌（Obodin）冰箱。其中兩個只放酒，一個只放飲料，包括可口可樂，而且不只裝在我熟悉的鋁罐裡，還裝在塑膠瓶裡。我後來養成半夜醒來開冰箱喝可樂的習慣，不僅因為我發現那味道會讓人上癮，更因為我一直無法判斷鋁罐裝的可樂味道是不是跟塑膠瓶裝的一樣。如果是，又為何要分成兩種包裝？卡特琳娜和她先生說我們想吃什麼、想喝什麼都別客氣，但奶奶嚴格禁止我那樣做，並叮囑我絕對不能開口向他們討東西。只要她發現我想多要一根香蕉或飲料，她就會在桌子底下捏我大腿；如果我離她很遠，她就會咬著牙用阿爾巴尼亞文低聲警告我，同時裝出笑容，讓其他人看不出她在做什麼。跟間諜一樣，我想。至於奶奶自己，則是吃得少之又少，讓卡特琳娜的先生伊戈斯（Yiorgos）常在吃飯時驚呼：「霍查統治四十五年，把妳的胃縮得跟橄欖一樣小！」伊戈斯是我見過最壯碩的人。他擁有一家絲瓜絡工廠，自己也長得和絲瓜絡一樣。

我們去了撒羅尼迦，找到奶奶讀過的法語中學。老校舍已經變成辦公室了，我感覺應該是銀行，因為跟我在西方電影裡看到的銀行很像。妮妮記得班上每一個最受歡迎的男同學的名字。她曾經在下課時和他們一起抽菸。她還記得以前的老師，尤其是貝爾納先生。對方曾經預言只要她少笑一點、頭髮剪短，就會擁有光明的未來。奶奶確實照做了，結果證明貝爾納先生的預言有些不準。

我們造訪了奶奶父親的墳墓。她肯定很難過，外表卻展現唯有她能做到的淡然肅穆，從頭到尾一言不發。只有離開之前，她才俯身輕吻墓碑上的照片，要我也跟著做。我不想做。我從來沒見過他，他也沒見過我。但我還是乖乖吻了照片，免得奶奶失望。她堅持一定要找到保母達芙妮的墓。戰後兩人就沒有再見過了。奶奶瞇著眼睛，全身僵硬站在白色十字架旁，手裡緊抓著手提包，看上去是如此蒼白單薄，彷彿這些年榨乾了她的身體，只留下骨頭。幾滴淚水從她的眼眸落在大理石上，很快被冬陽曬乾。奶奶察覺到了。「妳看，」她轉頭帶著哀傷的微笑對我說：「達芙妮總是能弄乾我的淚水，甚至現在。」

我們去了城裡過去隸屬於鄂圖曼帝國的那一區，找到了奶奶的老家。那是一棟雄偉的白色建築，院子裡的果樹正陸續開花。妮妮最早的回憶，是她兩歲時老家失火了。她記得自己被人用燒焦的毯子裹著，匆忙抱出屋外。她彷彿還能聽見當時的尖叫，她說，並記得看見她媽媽頭髮著火了。屋子正面仍然看得見火留下的痕跡。奶奶很想讓我看看屋裡的模樣。我們走近前門，一位女士出現在前廊，問我們有何貴幹？奶奶說明來意，請對方讓我們進屋裡看一眼。女士說她很想相信我們，不過她只是來打掃屋子的，承擔不起讓外人進屋的責任。奶奶說她能理解。「鄰居也會互相打掃房子裡面嗎？」我問。「她是拿錢打掃的，」妮妮回答，接著又轉頭對著清潔工，用帶著自信親切的口吻，彷彿她見過對方似的，大聲用希臘文說了「謝謝」。

奶奶早就知道不大可能拿回家族資產。她會同意這趟遠行，部分是出於不想破壞那些懷抱希望者的期盼，部分則是想重溫並帶我認識她的過去。她對我們遇見的人都很親切友善，只是可能不如他們預期的那麼熱衷財產。幾位律師向我們說明了拿回曾是奶奶家族的公寓與土地的困難點。他們描述了鄂圖曼帝國瓦解後的住戶更迭，指出財產法規的異動，取得所需文件會遇到的挑戰，尤其我們兩國自一九四〇年代以來就處於交戰狀態，理論上至今依然如此，以及希臘上校政權的影響等等。奶奶點頭聽著。我們被車載著去了大大小小的辦公室，赴各式各樣的約。斯塔馬提司夫婦總是坐在我們身旁仔細聆聽，並做筆記。他們有時會用我聽不懂的話回覆，有時會舉止激動，揮舞手臂、甩手指或搖頭。

最後一天商談時，其中一位律師讓伊戈斯氣得用希臘文破口大罵，並用手指著我，彷彿想藉此表明論點。他嗓門愈來愈大，接著到我身旁一把抓住我的手臂用力揮舞，就跟他剛才揮舞自己手臂一樣，並繼續破口大罵。我聽不懂他在說什麼，便轉頭望向奶奶。奶奶還在點頭，律師說明時點，伊戈斯回覆時也點。我決定最好別抽回手臂。

「他們在討論一份叫做遺囑的文件，」那天晚上，奶奶告訴我：「文件裡註明某個人死掉之後，他的東西會留給誰。」

「我們怎麼拿到？」我問。

「遺囑嗎？」奶奶笑了。「還有一些更重要的信件，我沒辦法阻止警察沒收。」

奶奶離開希臘五十年間，只有跟蔻蔻特辯論政治但不想讓我聽懂時，才會講希臘文。我們的雅典東道主有時用破法文跟我說話，他們的法文比我糟得多；有時用破英語跟我交談，但他們的英語比我好得多。他們發現，奶奶的希臘文完全沒退步，只是她的上流社會口音已經過時了，聽起來有點滑稽，而且我發現她說話的音調也比一般巴爾幹人低得多。當我看她不斷用我無法理解的語言跟其他人互動，感覺幾乎就像自己跟著兩個人旅行：一個是我信任和敬愛有加的妮妮，一個是來自另一個時空的神祕女人。

奶奶一直強調自己沒變。還沒去雅典前，我是這樣相信的。我覺得她講話令我放心，存在讓我安心，尤其一九九〇年冬天，當我周遭一切是那麼不穩定，包括我爸爸媽媽，他們的反應忽然從焦慮變為興奮，幾乎一夜之間。但奶奶不一樣。她總是沉著、一致、可以適應最艱難的處境、克服困難，而且做來輕鬆自如，讓人感覺最大的阻礙其實來自我們自己，只要意志堅定就能不畏險阻。她讓我相信，目前永遠跟過去連結在一起，所有看似隨機的事件背後，都可以見到理性的人與動機。她的表情、姿態、說話的方式，統統給了我這種感覺。

雅典之行讓我意識到了差別。當我們看著已逝親人的老照片時，我完全無感。他們照理說都是我的親人與祖先，對我卻幾乎沒有意義。卡特琳娜有天給了我奶奶一支老菸斗，說它是我曾祖父的。我拿過來玩，妮妮突然發火，將菸斗從我手裡抓走，動作之凶前所未有，同時用法文大吼：「這不是玩具！妳只想著妳自己！*」我無法理解她為何對那支菸斗如此敬畏，為何重新拿到它對她如此意義非凡。「少來，」我說：「這只是支菸斗，妳早就不抽菸了。」

妮妮總是說，我和弟弟是她生命中最重要的寶貝，但我們對她的一生所知甚少。當她不再壓抑，不論立在達芙妮墓前、回想學校同窗或和我們的東道主追憶她的父親，都讓她的話不再可信。我感覺陌生與距離。我明白如果沒有發生這一切，讓她被迫放下自己的人生，從此陷入多年的艱辛、孤獨、失落與悲傷，就不會有我。如果她沒離開撒羅尼迦，就不會遇見我爺爺。如果她沒遇見我爺爺，就不會有我爸爸。這些事件全是邏輯序列的一部分。這就是她說那些話的意思。當我可以像她對我解釋事物時那樣，了解因果關係，就會接受任何決定都有後果，就能在別人只見到碎片時發現關聯，就會是自由的兒女，而非必然性的產物。

當我們在希臘，很難相信她始終能承擔決定的後果，找到方法跟她回到阿爾巴尼亞之後的一切相處，而不出現矛盾。我們永遠也無法理解，戰後有機會時，她怎麼會選擇不移民。或許她根本想不到接下來會發生什麼。但就算她不恨、不想報復，也會有強烈的怨。被迫抹消過去之後，她還能體會到新的愛嗎？我總是說我讓她感到驕傲與愛，但我在希臘感受到的不是那份驕傲與愛，而是她的失落。我想離開。我想回家。我想要安全感。

＊ 譯註：原文為法文 Ce n' est pas un jouet! Tu ne penses qu' à toi-même!

十三、所有人都想走

在雅典的最後一晚，我準備了一個塑膠袋，裡頭裝了半條錫箔紙包好的妙卡巧克力、一條外表像菸的口香糖和一塊伊戈斯工廠做的草莓形狀的絲瓜絡。這是我第一次出國，我答應艾隆娜會帶禮物給她。我很自豪自己說話算話。

我回到班上，艾隆娜不在。同學跟我說她生病了，必須請假幾天。但一週過去了，她還是沒有出現。下一週也一樣，就這樣到了春假。

四月底春假結束，艾隆娜還是沒回來。我決定去找她，看她身體狀況如何。我已經把妙卡巧克力吃了，但還留著香菸形狀的口香糖和草莓造型的絲瓜絡。我敲了敲艾隆娜家的門，應門的是她爸爸。「我找艾隆娜，」我說：「聽說她生病了。我可以看看她嗎？」

「艾隆娜？」她爸爸問，彷彿不認得女兒名字似的。「艾隆娜是壞小孩，非常壞，」說完他就將門甩上。我在門口站了幾分鐘，不知該怎麼做，而他顯然在窗邊看到了我，或發現我還站在門口，於是又開門出來。「可以請您把這個交給她嗎？」我聲音顫抖，將跟著我的手一起顫抖的塑膠袋遞給他。他一把抓過塑膠袋，將它甩到幾公尺外的馬路中央，對著我大喊：「她不在。妳聽懂了沒有？她不在。」

那次談話後不久，艾隆娜就從學校除名了。老師全都否認她生病，而是說她轉學了。班上同學都在猜她去了哪裡。有些同學說她搬到城裡另一區去和爺爺奶奶住了，有些同學說她和妹妹一樣被送去了孤兒院，那裡會收年紀比較大的小孩，還有些同學說她出國了。後來我們想不出新答案，就不再討論這件事了。我問了我爸爸媽媽。他們只是聳聳肩。「可憐的姑娘，」奶奶說：「她媽媽人很好，誰曉得這個可憐姑娘去哪裡了？」

同年十月底，謎底揭曉了。那天我和妮妮散步完要回家，路上看見艾隆娜的爺爺。前一年五月他才到我們班上演講，分享他在希臘附近山區參與游擊戰的英勇行為。我想不起他的名字。艾隆娜總是喊他「爺爺」，因此我只好朝著馬路對面大喊：「同志！同志！」她爺爺沒有轉頭。「先生！先生！」我奶奶喊道，聲音比我還大。艾隆娜的爺爺停下腳步，同時認出我來。我跟他說我很想念艾隆娜，想知道她去哪裡了。艾隆娜的爺爺深吸口氣，接著長嘆一聲。「艾隆娜，」他說：「那個可憐的孩子。我們前陣子剛收到她的信。妳們往哪個方向走？」說完便走在我們身旁，開始解釋。

一九九一年三月六日早上，艾隆娜出門上學。她穿著制服、拎著書包，裡頭沉甸甸裝滿了那天上課用的教科書和練習簿。那幾週她都比平常早出門，和她新認識的一個男孩碰頭。那個年輕人名叫亞利安，年紀十八歲左右，艾隆娜的爺爺說。

我知道亞利安。他就住在我家那條路上，但我們很少跟他說話，連弗拉穆都不敢靠近他。艾隆娜有一次提到自己知道他。那天我們一起去孤兒院看她妹妹。但我不認為她和亞利安常見面。結果他們每天早上都約在艾隆娜家到學校那條大路旁的僻靜小巷裡碰面。我知道那個地方。附近是一小片公寓區的後門，非常隱蔽，情侶在那裡約會不會有人看見。只有「壞女孩」會去那裡。我很難想像艾隆娜和亞利安在一起，也很納悶她為何從沒告訴我。艾隆娜最近剛滿十三歲，但我一直以為她和我一樣，對年紀大的男生沒興趣，甚至討厭。也許她和亞利安是我們去希臘那幾天才開始約會的。

三月六日早上，艾隆娜的爺爺說，路上到處是人，連艾隆娜和亞利安碰面的地方也擠滿了一家又一家的人。他們操著奇怪的口音，前一晚似乎在那裡過夜，這會兒又要啟程。城裡居民也匆忙湧上街頭。年輕人、穿著工廠制服的工人，還有抱著用毛毯裹住身子的孩子的男男女女，統統朝港口擠去。

艾隆娜一直等亞利安，直到聽見學校鐘響。正當她準備離開，亞利安終於出現了。「港口沒有警衛了，」他說：「所有貨櫃船上都擠滿了人。所有人都想走。軍人沒有開槍，而是跟群眾一起上了船。我也要走，妳要一起去嗎？」

「去哪裡？」艾隆娜問。

「義大利，」亞利安回答。「或是其他國家——我不曉得，看船帶我們去哪裡。不喜歡就可以回來。」

那時去上學已經遲了，於是艾隆娜跟著亞利安去了港口。她起初只是去瞧瞧。兩人愈接近貨櫃船停泊處，街上人潮就愈洶湧。他們好不容易擠到船泊處，接近其中一艘最大的船。那是一艘名叫游擊隊（Partizani）的貨輪。一名男子高喊船要開了。亞利安跳進船裡，順手將艾隆娜拉了進去。船梯收了起來。

船航行了七個小時，艾隆娜在信裡寫道，但船上的人必須獲得政府許可才能上岸。許可令廿四小時之後才下來。起初，新來者被安置在當地一所學校改建的難民營裡，幾天後再被分送到義大利全國各地。艾隆娜和亞利安去了義大利北部。他們和船上認識的幾個人住在一間非常小的公寓裡。艾隆娜年紀太小不能工作，但亞利安在當地找到一個替店家搬冰箱的工作。雖然錢賺得不多，艾隆娜寫道，但他們熬過來了。為了證明這一點，她還在信裡附了幾張鈔票，總共是兩萬里拉。她還寫下通訊地址，但請家人署名亞利安，因為她謊稱自己是他妹妹。

我很難相信，幾個月前還跟我一起買葵花子、玩洋娃娃、就算旅行也幾乎不曾離開城裡的朋友，竟然有勇氣出國。她怎麼可以拋下自己的家、學校、爸爸媽媽，甚至妹妹？

「於是我也去了，」艾隆娜的爺爺對我奶奶說：「我想去找她，帶她回來。我八月出發，搭的船叫發羅拉號（Vlora），結果待遇跟狗一樣。」

我還記得發羅拉號啟航那天。那天早上，弗拉穆的母親急得挨家挨戶敲門，問我們有沒有見到她兒子。弗拉穆沒跟他母親說就上船了。我朋友瑪西妲和她爸爸媽媽也走了。她爸爸正在修鞋，送鞋來修理的女客人突然衝進店裡，要他立刻把鞋給她。鞋是壞的也無所謂，女客人說。港口開放了，不能浪費時間。瑪西妲的父親丟下縫紉機，先去學校接了女兒，又去工廠找到妻子，一家三口也跳上了發羅拉號。

幾萬人湧進碼頭。發羅拉號剛從古巴載著蔗糖返航，正在碼頭等候工人修理主馬達，結果被強行占據。群眾衝到船上，強迫船長將發羅拉號駛向義大利。船長擔心小命不保，決定啟動備用馬達，但無法用導航雷達。發羅拉號只能承載三千人，那天卻有將近兩萬人擠到船上。當船最終抵達布林迪西（Brindisi），感覺就像過了一輩子。三月才有幾千人成功登上這座港口，但義大利政府這回卻要船長掉頭，將船開往一百一十公里外的巴里港（Bari）。發羅拉號又花了七個小時才抵達終點。

發羅拉號抵達巴里的情景，至今仍然歷歷在我眼前。我看著我家新買的彩色電視，螢幕上幾十個人爬到桅桿頂端，他們身體半裸，汗水從頸子和鬍子沒刮的骯髒臉龐滑下，過長的頭髮有如一條條鮭魚垂在背後。他們顫巍巍立在桅桿頂端，努力穩住身子，感覺就像一群自封將軍的士兵，還沒上戰場就洩了氣。他們對著電視攝影機盲目揮手，大喊：「阿米哥（Amigo），讓我們下船！」「讓我們上岸！」「我們肚子好餓，阿米哥！」「我們需要水！」兩三架直升機在他們上空盤旋。甲板上人山人海，數千名男女老幼頂著日曬，因為人擠人而受傷。他們互相推搡，嚎啕痛哭，一心只想下船。其他乘客擠在船艙裡，頂著舷窗比手畫腳，高聲叫喊，要甲板上的人直接跳水上岸。有些人聽從建議，結果遭到逮捕，有些人幸運逃脫。其他人則是繼續大喊，說他們幾小時前就把船上剩下的最後幾袋蔗糖吃完了，很多人嚴重脫水或渴到喝海水，而且船上還有孕婦。

事後，倖存者親身描述了接下來發生什麼，以防其他人重蹈覆轍。原本只要七小時的航程結果花了卅六個小時。下船令終於下來後，所有難民都被送上巴士，關進一座廢棄的體育館裡，由警察看守，誰敢離開就會被捕或被打。罐頭食物及瓶裝水由直升機空投，男人、女人和小孩立刻搶成一團。身上帶刀的人開始殺害他人。

體育館裡傳言四起。有人說，既然我們國家嚴格而論不再是共產主義國家，尋求政治庇護可能不會通過，因此新來者必須是經濟移民。這是個新的、陌生的分類，雖然適用於同一群人，但含意不同，甚至有些模糊。幾天後，含意就清楚了。在體育館待了將近兩週後，他們被警察扔上巴士，說要送他們去羅馬解決文件問題。但他們很快就發現巴士的目的地是港口。所有人都被送上返回阿爾巴尼亞的渡輪，抗議者統統遭到毆打。

「我並不想留在義大利，」艾隆娜的爺爺告訴妮妮：「我只想找到艾隆娜，把她帶回來。但他們不聽任何人解釋。我想告訴他們，我不需要待下來的文件，我只想找到我的孫女，但他們根本不聽。他們給了我們每人兩萬里拉，然後逼我們回到船上，完全不聽我說，」他反覆強調。

「也許你可以試試大使館？」奶奶說：「或許申請簽證？」

「簽證？」艾隆娜的爺爺冷笑一聲說：「妳有見到大使館變成什麼模樣嗎？連大門都無法靠近。那裡根本是軍事區，到處都是警衛，保護圈至少五層，裡面外面，所有地方都有人戒備。」

「你有試過打電話預約嗎？」我想起我和奶奶向希臘大使館預約申請簽證的事，於是這樣問他。

「打電話？」艾隆娜的爺爺笑了。「打電話？」他又笑了出來，而且比剛才大聲。「等死神打電話來還比較快。」

「我們去了希臘，」我說：「我們拿到簽證，因為我們跟大使館預約。」

「妳們哪時去的希臘？」

「今年稍早，」奶奶回答。

「就在艾隆娜離開前不久，」我補充道：「我回來就沒看見她了。」

「果然，」艾隆娜的爺爺說：「他們已經把路封了，一條也不剩。除非是為了工作，否則你哪裡也去不了。」

「我們的政府——」奶奶開口說道。

「不是，跟我們的政府沒關係，」艾隆娜的爺爺打斷她。「我們的政府恨不得人都走光，那些船搞不好是他們安排的，好把人都打發走，免得工廠關了，他們還得照顧人民溫飽，替他們找工作。我說的是大使館和其他國家。他們說他們收不下更多移民了。但我還是會再試。我會找到方法的。我考慮過南部，」他解釋道：「邊界那裡。我想試著從希臘邊界過去。那樣做很危險，可能會被擊斃。那裡我很熟，我在那裡打過仗。但我已經不是游擊隊員，手腳沒有以前那麼靈活了。」

他黯然微笑。

「還是有人離開啊，」我說：「就像艾隆娜和亞利安——他們就成功了。」

艾隆娜的爺爺搖搖頭，陷入沉思。「三月他們才說我們是受害者，他們會接納我們。八月我們在他們眼中就成了威脅，好像我們會吃掉他們的孩子似的。」

奶奶點點頭。我心想爸爸媽媽怎麼從來沒想過離開。瑪西妲和她爸爸媽媽搭貨輪去義大利之前，有來我家跟我們道別。妮妮勸他們不要冒險。「這樣做很危險，」她警告道：「就算成功也很危險。我一出生就是移民，很清楚移民過的是什麼樣的日子。」

「她在鄂圖曼帝國可難受了，整個國家都是她家族的帕夏和貝伊（bey）在管，」爸爸取笑奶奶說。「那也不會比這裡糟，」媽媽說。她應該會想試試。妮妮仍然搖頭。

我也不想走。我起初很喜歡雅典，後來奶奶變得很麻煩，但最後是我開始想家了。聽不懂希臘文讓我很挫折。那裡的人盯著我看，對我指指點點，我卻聽不懂他們在講什麼，讓我很生氣。觀光客來我們國家至少很平等：他們盯著我們看，我們也盯著他們看。我們原本分處兩個世界，現在不再是了，但雙方並不平等。

「說不定他們會重新把路打開，」我說。

「應該不會，」艾隆娜的爺爺答道，接著轉頭看著我奶奶。「他們讓闖關變得更困難了。他們增加了海上巡邏，不再等你到那裡再說。他們起初毫無準備，現在他們知道狀況了。我告訴妳，他們不會解除任何管制，而是讓管制更有效率。」

他說話的樣子，彷彿對邊境管制瞭若指掌，講解得頭頭是道，就像他年輕時剖析游擊戰略一樣。「他們只要發現你企圖穿越邊境，就會把你關進營房裡，甚至再也不放你出來。」

「你還需要錢，」奶奶評論道。

「我們在雅典的時候，什麼東西都很貴，」我說：「但我們身上沒錢，感覺真是糟透了。店裡東西那麼多，又沒有人排隊，可是我們什麼都不能買。」

「錢，」艾隆娜的爺爺還惦著自己的計畫，而不是我們的評論。「嗯，錢是另一種方法。只要有錢，路當然不會封住。只要把錢存進銀行，再叫銀行開一份證明之類的東西，證明你有存款，事情就容易多了。」

「我相信艾隆娜沒有事，」奶奶說：「既然她寫信來說自己很好，就表示她可能喜歡待在義大利。青少年嘛。做這種大決定有助於成長。我那個年代，她這個年紀的女孩通常會被送去寄宿學校。」

「或是工作，」艾隆娜的爺爺說。

奶奶點點頭。「她很快就會回來看你們的，」她試著讓艾隆娜的爺爺放心。「她可能有文件問題需要處理。只要她沒有斷了聯絡……」

這一切聽在我耳裡只覺得荒謬。我心想，一個人在國外怎麼可能比在家快樂？我無法想像跟亞利安在一起會比沒有他更好，即使在義大利。我愈想愈覺得沒有道理。

「所有人都想走，」我在日記裡評論一九九一年三月和八月發生的這些事：「除了我們家以外。」我們的親朋好友幾乎個個都用了幾天、幾週，甚至幾個月時間，計畫如何離開。可能的做法非常多：偽造證件、劫船、偷渡邊界、申請簽證、找個西方人寫邀請函並擔保住宿或借錢，但思考為何要這樣做的人很少。知道如何去到某個地方，比知道為何要去更重要。

對某些人來說，離開是名為「轉型」的必然。在他們眼中，我們的社會正處於轉型階段，從社會主義轉為自由主義、一黨制變為多黨制、一個地方轉到另一個地方。機會不會自己上門，必須主動爭取，就像阿爾巴尼亞民間故事裡的小公雞，不遠千里追尋自己的命運，最終滿載黃金而歸。對某些人來說，離開祖國是一場冒險，是實現童年夢想或滿足父母親的期盼。有些人一去不回，有些人很快就回返家園。有些人將組織運動變成職業，有些人開旅行社或用船幫人偷渡。有些人活下來了，而且變得富有；有些人活下來了，日子依然艱苦；還有些人死於穿越邊境。

從前，光是想離開就會被捕。現在沒有人阻止我們移民，我們卻不再受另一邊歡迎。唯一改變的，只有警察制服的顏色。逮捕我們的不再是我們的政府，而是其他國家，那些過去鼓勵我們投奔自由的外國政府。西歐國家數十年來不斷批評東歐國家封鎖邊界，出錢暗助要求遷徙自由的團體，譴責東歐政府限制人民的離開權是不道德之舉，視脫逃者為英雄，現在卻待離開者如罪犯。

或許遷徙自由從來就不重要。當限制出境這種髒活有別人做，支持遷徙自由一點也不難。但光有離開權、沒有進入權又有什麼用？難道邊界和牆只有將人關在裡頭才應當受譴責，將人擋在外頭就無所謂？南歐那些年首次出現的邊防、海巡、移民拘留與反制，在接下來數十年成了標準做法。西方國家一開始對成千上萬湧入的移民措手不及，但很快就玩熟了一套做法，在這群追尋不一樣未來的外來者當中，吸引那些比較有能力的出逃者，排除掉最弱勢的群體，並且嚴守邊界以「保障我們的生活方式」。然而，移民之所以移民，就是受到那種生活方式的吸引。他們才是西方體制最堅定的支持者，而非威脅者。

對我們國家而言，移民是短多長空，儘管是能立即緩解失業壓力的安全閥，卻也會讓國家失去最年輕有為、教育程度也往往最高的人民，並且讓許多家庭四分五裂。正常情況下，比較好的做法是將不離開的自由納入遷徙自由中。但當時不是正常情況。面對數以千計的工廠、作坊和國營事業瀕臨倒閉或裁員，離開國家就像自願裁員。

然而，不是所有人都想走，也不是所有人都走得成。對選擇留下的許多人來說，他們必須問自己，少了工作要怎麼活下去。我爸爸媽媽很快就遇上了同樣的問題。

十四、競爭遊戲

第一次多黨選舉後不久，我爸爸就失業了。那天下午，爸爸回家宣布自己的部門再過幾週就要永遠關閉了。身為森林工程師，他前半生都在設計、種植和照料新樹，尤其是月桂。現在國家有更重要的事，不僅不再需要種新樹，連老樹也要砍掉。一方面是停電但又需要暖氣，另一方面是對自由個體主動性的嶄新縱容，使得每晚都有更多樹木從森林裡消失。或許有人會說這叫盜竊，但私有財產不就源自於個人侵占公共資源嗎？因此，用下而上的私有化（bottomup privatization）來形容可能更貼切。

我爸爸宣布部門裁撤的語氣，就和他之前提到其他工作變動時（例如被調到另一個村子或主管換人）沒有兩樣。他說他再也不用提供出身，解釋家族的來歷，因為現在沒有人在乎這些了。大家只需要提供一份叫做 Curriculum Vitae（履歷）的拉丁文文件，簡稱 CV。

「誰要寫拉丁文？」我問。

「我們不用寫拉丁文，小赤軍旅，」爸爸說：「只有第一行。但用英文寫很有幫助，可能更有機會申請到民間企業。」

家裡的人似乎對裁員的消息一點也不著急，彷彿只要把履歷投出去，就會有幾十個更好的工作等著上門，宛如烤箱裡的手工餅乾一樣任君挑選。

「你下週就會開始了嗎？」我想起爸爸之前工作調動的情況，便這樣問。

「怎麼可能！」媽媽高聲說道，彷彿光是這樣暗示就侮辱了爸爸的尊嚴。「哪會有人那麼簡單就給你工作！」

「我們就等著看吧，」爸爸說：「現在是資本主義了，找工作需要競爭。但至少目前我是自由的！」

打從爸爸宣布被裁員的那一刻起，他身上就帶著一股自信，以致有一天我放學回家，發現他竟然躺在沙發上，讓我不僅心生困惑，甚至有些驚慌。他已經換下睡衣，穿著媽媽最近從二手市場買給他、尺寸過大的黃綠兩色運動服，兩手抓著我家新買的飛利浦小彩色電視的遙控器左右揮舞，神情異常專注，彷彿正在指揮行星運轉一樣。

「這真是太令人沮喪，」他一見到我便關掉電視，專注的神情罩上一抹悲傷說：「太令人難過了。讓我無法承受，不知道該怎麼做了。」

「情況會好轉的，」我含糊回應，根本不曉得自己在說什麼。「我相信一定會變好。」

爸爸搖搖頭說：「我想看歐洲盃冠軍賽，可是看不下去，」他解釋道：「看了就難過。南斯拉夫有機會第五度奪冠，他們去年才拿下世界盃冠軍。」

「這不是好消息嗎？」

「這可能是他們最後一次一起打球了，」他一臉喪氣地說：「斯洛伐尼亞已經宣布獨立，克羅埃西亞很快也留不住了。這感覺就像罹患喉炎的選手贏了歌唱比賽冠軍一樣，太令人難過了。對我來說，籃球已死。」

媽媽嚴格來說沒有失業，只是學校請她四十六歲提早退休，她也接受了。為了慶祝，爸爸用他剛領到的最後一份薪水在一家新開的小超市買了阿姆斯特爾（Amstel）啤酒。這原本是個非常愉快的家庭聚會，結果卻被媽媽宣布自己退休後的打算給破壞了。她說自己已經是反對黨員，而且是反對黨成立當天就加入了。

我和妮妮聽完都愣住了。爸爸放下食物抬起頭來，臉上帶著困惑的驚訝，我知道很快就會變成暴怒。媽媽每回不徵詢他就做了重大決定，他都是這個表情。接下來他會從困惑變成質疑、責怪、氣憤，再到互相攻擊，最後沉默，而且可能一冷戰就是好幾週。下一個階段就是揚言離婚。

這種事之前發生過兩次。第一次是媽媽違法向一個在集體農場工作的人買了五十隻小雞，把牠們養在院子裡，這樣我們就不用排隊買蛋了。她告訴爸爸這件事，他氣得臉色發青，說我們都會被捕。家裡院子那麼小，根本藏不住五十隻小雞。媽媽說可以把雞放在浴室，而且她覺得小雞存活率不高，頂多只有十隻能挺住，集體農場的人是這樣說的。結果證明那人和我媽媽是對的。但這只讓我爸爸和我媽媽關係更緊張。如果說有什麼事比被捕更讓我爸爸受不了，那肯定是小雞大量死亡帶來的悲傷。他每回走進浴室見到小雞死了，就會心痛不已，同時更氣我媽媽。直到幾個月後，小雞死亡率下降，而且妮妮揚言他們倆再不停戰，她就搬去安養院，兩人才和解。

第二次是媽媽鼓勵我去主大街，跟賣口紅和髮夾的羅姆（Roma）女孩一起在人行道上賣絲瓜絡。我和奶奶在雅典時，伊戈斯給了我一整袋絲瓜絡，要我分送給家人親戚——誰曉得這是禮物還是廣告？媽媽記得她爺爺當初就是這樣起家的，而且他賣的東西比絲瓜絡還不起眼得多：他在自己村子裡砍木頭，拿到城裡去賣。我們也能創業，媽媽告訴我，但必須動作快，因為其他人很快就會想辦法在自由市場做買賣賺錢。不過，她覺得自己坐在羅姆女孩旁邊賣東西太尷尬了，她學生有可能經過，認出她來，破壞她在班上的威嚴。於是，她寫好價目表，要我坐在人行道上大喊：「好用的希臘絲瓜絡哦！各種顏色形狀都有！」而我也真的照做了。那天下午結束時，所有絲瓜絡都賣完了。

我拿著賺來的錢回家，沒想到爸爸竟然大發雷霆。他起初以為這是我的點子，正打算罰我回房間反省，聽我解釋才知道我只是聽媽媽的話去做。於是他立刻兩眼冒火去找她，朝她大吼，別以為別人可以上街賣東西，想賣什麼就賣什麼，妳就有資格剝削自己孩子。媽媽起先不理他，而是轉頭問我：「妳是自己想去的吧？」我用力點頭。爸爸憤怒搖頭。「那還用說！」他咆哮道：「少了對方同意就不叫剝削，而是威脅了。」媽媽還是很冷靜，跟他解釋我已經不是小孩，很快就要十二歲了。西方國家的小孩參與發達的家族事業很正常。「可是我們又沒有家族事業！」爸爸吼了回去：「哪還有失敗或發達？」「你也不可能，」媽媽喃喃回答。

就算媽媽事先徵求爸爸同意，他也可能會反對我去賣絲瓜絡。但她根本沒想到徵求任何人同意，這才是令他更氣惱的地方。基本上，我爸爸有多想讓媽媽知道他的看法，媽媽就有多想無視他。他們成天都在吵架，不過幾乎總是地位平等。可是當媽媽不問爸爸意見就做決定，這份對等就打破了，這讓爸爸很受傷。兩人的關係建立在拌嘴上；隨著時間過去，玩笑和認真吵架的界線也愈來愈模糊。兩人的婚姻就像崎嶇的山脈，而他們是經驗老道的登山者，既明白如何攀爬危險的山頭，也知道如何避開許多人失足墜落的深淵。但我有時真的很怕他們會掉下去。第三次就是媽媽決定參政的這次。

我爸爸很清楚，他永遠不可能像他許多朋友那樣，妻子連擦個口紅都需要丈夫同意。媽媽從來不擦口紅，而且意志可比鋼鐵。每當他希望妻子找自己商量，卻又面對她的頑固時，總是陷入兩難。他可以假裝自己管得了她，如同預期做出憤怒的反應，也可以低頭認輸，假裝這件事其實無所謂。只是爸爸太愛媽媽了，不可能無所謂，沒辦法不吵一架就放棄。他永遠不可能對媽媽動手，只會摔陶器洩憤。但當他氣得從身體到聲音都在顫抖，沒有人敢說最後受傷的只會有碟子和盤子。

媽媽說她加入反對運動時，我以為情況會和之前一樣。可是我錯了。爸爸先是露出我熟悉的那種困惑眼神，但很快就臉色發白。他沒有起身，沒有朝她走近，也沒有威脅似的對她搖手指。他沒有大吼，而是面孔扭曲，繼續不可置信地望著她，身體僵在椅子上。

媽媽也察覺到了。她肯定覺得抱歉，所以反應不一樣。她沒有像之前看都不看他，讓爸爸知道他的威脅對她沒有任何作用，而是覺得有必要解釋。她說一切仍然受間諜控制，不論政府或反對派裡頭，依然到處是前共產黨員。像他們這樣出身的人必須加入，得有人鼓起勇氣行動，否則事情永遠不會改變，代表我們的仍然會是同一群人。我們必須把事情攬在手上，自己代表自己。聽取建議、採取集體行動或許會更好。她知道我爸爸可能不放心，他的政治觀和她不同。但她非得這樣做。而且現在他失業了，我們需要人脈，替未來尋找機會。她看起來是想過了才行動的。

爸爸默默聽著，將火氣壓在心底。我事後回想，忽然發現爸爸或許比他表現得更在乎自己失業。說不定在他心中裁員和提早退休差別很大。或許他現在得靠兩個女人的退休金養，讓他覺得自己不夠男人，不再能做其他男人做的事：咆哮、威脅、氣憤顫抖、將陶器摔到牆上。說不定他周遭一切變化太大，原本的回應都不再恰當，彷彿屬於另一個時空，來自另一個人，來自他已經不認得的舊版的他。少了所有熟悉的參考指標，爸爸失去了方向，不再有辦法解釋自己的困境，也沒有解藥，只剩下默默點頭，就像他通常只保留給上司的那樣。

媽媽退休後非但沒有停止工作，反而進入人生最忙碌的階段。加入民主黨不久，她就成為黨內女性組織的領導人之一，除了出席黨內會議、挑選候選人、組織造勢活動、發起改革運動，還參與全國委員會和會見外國代表。其餘時間，她都在檔案室或法庭裡度過，試圖討回過去被沒收的家族財產。

「妳應該多待在家照顧小孩，」妮妮對她說。「我很好，」我通常會接口道，很高興原本每學期一次的數學成績檢查，已經從我媽媽的行事曆上消失。「媽，妳應該去考駕照，」我建議她。

「我們不需要駕照，」爸爸插嘴道，擔心他如果不立刻出言反對，失業的處境可能會讓他被提拔為家族司機。「開車對環保不好。」

這個話題通常又會引發爭執。媽媽會說：「所有人都在買車，車是必需品。車諾比對環境的破壞嚴重多了！」「車諾比和車有什麼關係？」爸爸會說。媽媽會立刻接口，顯然不為所動：「中國人替我們蓋的冶金廠對環保又有什麼好處？我們的問題不在環保，而是沒有足夠的積蓄買車！」「負負不能得正，」爸爸會說。

這番看似普通的買車談話，最終往往變成關於世界與歷史的大亂辯，從工業革命對環境的傷害、太空競賽對知識的貢獻、歐洲共產主義、中國的責任、誰有權汙染環境、誰賣武器給誰、波灣戰爭吵到前南斯拉夫解體，主題天南地北。「這不合邏輯！根本不合邏輯！」爸爸無話可說時，總會這樣反駁，但媽媽很少改變心意。「妳在造勢場上也是對群眾這樣說嗎？」最後他終於放棄：「妳就是這樣寫講稿的？」

媽媽從來不寫講稿，而她發表過幾百場演講。十幾歲那些年，我在造勢場上看她預備上台演講，比她在家和我們共進晚餐的次數還多。她總是抬頭挺胸站在台上，對著成千上萬名聽眾，不時需要停頓、調整語調，有時逼聽眾陷入懾人的沉默，有時讓他們群情激揚，熱烈鼓掌。她演講從來不帶小抄，彷彿好幾年前就已經在腦中寫好了所有講稿，並且每天排練日後要講的每個句子。但她所用的詞彙完全不像來自過去，而是非常新穎，甚至有點陌生：個體主動、轉型、自由化、休克療法、犧牲、財產、契約、西方民主。只有一個詞例外，自由，只有這個詞是舊的。但她說的方式不同，結尾總帶著驚嘆號，這樣聽起來就是新的了。

媽媽只要沒參加政治聚會，就會去市立檔案室確認家族財產，通常借助地圖與地界，或是上法院爭取所有權，帶著兄弟姊妹一起追討幾千平方公里土地、數百套公寓房間和幾十家工廠。這些資產過去都屬於戰前不久從伐木工人變成百萬富翁的她爺爺所有。爸爸和奶奶對這事毫無興趣，一方面因為他們不認為這些資產追得回來，二方面因為他們不確定應該這樣做。

「這真是浪費時間，」奶奶偶爾會搖著頭這樣說。但你往往很難搞清楚她是指政治，還是媽媽家族的著名資產，或者兩者都有。「過去的就應該讓它過去，」她有一回對一位外國記者說。對方來採訪她這位前異議分子，問到她家族的財產。「現在人人都是異議分子。希臘的土地？那不過是一堆爛泥。」

反觀媽媽則是絕不放棄。討家產不僅是新的收入來源，更是原則問題。兩者對她而言算是同一件事，因為大自然的生存鬥爭只有靠規範私有財產才能解決。她認為不論男女老幼、前後世代，競爭都是天經地義。爸爸相信人性本善。但她不同，她相信人性本惡。人只能對惡因勢利導，以限制傷害，勸人為善是白費工夫。這就是為何她堅信就算情況再理想，社會主義也永遠無法奏效，因為它違反人性。人需要知道哪些東西屬於自己，需要對那些東西擁有支配權。這樣他們才會照顧好自己的資產，不會再打架；這樣才會有良性競爭。媽媽相信只要知道誰是某樣東西的第一位擁有者，其後的往來就能加以規範。如此一來，不只我們家族，所有人都有機會像她祖先一樣發跡致富。

媽媽說，這就像恢復中斷的西洋棋賽一樣。所有選手從同一位置出發，有些人累積了一些優勢，但隨即被迫參加另一種比賽。這個比賽就是社會主義。如今冷戰結束，棋賽又可以繼續，然而老選手已經過世，只剩他們指定的接替者可以參賽。媽媽認為，重新比賽並不公平，而是應該讓新選手從前人走到的棋步開始，給他們同樣的棋子，再按原有規則繼續玩下去。

對她來說，追尋家族資產的下落不僅是為了規範財產權，更是為了糾正歷史不正義。在她眼中，國家存在只有一個目的，就是促進交易、保障合約，確保人人都能保有自己掙來的東西。除此之外，不論國家多做任何事，都只會滋養浪費金錢與資源的寄生蟲，只是換個名字實行社會主義。國家就像棋賽裁判長，負責監督選手遵守規則，注意比賽時間，但是絕不能提示選手、改動棋步、將棋子復活或讓失格的選手重回賽場，否則就是濫用職權。比賽終究會有贏家與輸家，但那又如何？所有人都明白這一點，所有人都接受比賽規則。這就是比賽的本質。比賽終究是競爭，就算是良性的，依然是競爭。

十五、我向來刀不離身

一九九二年夏末，一群法國女士表示要來我家作客。她們所屬的組織和我媽媽領導的團體正在合作。我們大肆準備，好像除夕一般，不僅重新漆了牆，還洗窗簾、曬床墊、擦櫥櫃裡面、撣去書架上每本書的灰塵。她們來訪前幾小時，我家更是變成高度紀律又組織化的部隊，人人手拿刷子、抹布、海綿、臉盆、桶子、掃把和各種打掃武器，預備執行任務。我媽媽是將軍，一邊對著我爸爸高聲發號施令，一邊在屋裡走來走去，將桌椅翻倒，檢查哪裡沒有掃到，指出哪裡的灰塵還沒去掉。等家裡變得閃閃發亮，她立刻在訪客到來前的半的小時抓住我和弟弟，帶我們進浴室盥洗。她沒有檢查水溫就直接把水潑到我們身上，又用刷地板的力氣刷我們的臉。等我們也乾淨了，她便開始打理自己。

媽媽問奶奶，接待一群致力於女性權益的團體代表，怎樣穿著打扮最得體？妮妮建議她穿連身裙，於是媽媽挑了一件她最近在二手市場買的衣服，部分出於她在肥皂廣告上看到的女性裝扮，她認為這些廣告和西方女性解放有關，部分出於衣服裡的標籤寫著「葛蘿莉亞（Gloria）」，她覺得這是高級服飾品牌。那件及膝的V領深紅色絲綢連身裙，有著黑色蕾絲和緞帶袖。當時有不少西方人的睡衣跑到我們的二手市場，跟一般服飾混在一起，被當成白天穿的衣服。我有不少老師會穿著睡袍或浴衣來上課。我媽媽之前沒做過這種事。不是因為她分得出差別，而是她通常不喜歡太花俏的樣式。媽媽愛穿長褲，討厭化妝，梳頭髮從來不看鏡子。她唯一碰過的緞帶與蕾絲，就只有她和妮妮買給我的衣服——這就相當於公開宣告五十年的無產階級統治也無法粉碎她們將我培養成巴爾幹版維拉斯奎茲《特麗莎公主（*Infanta Margarita Theresa*）》的決心。

結果那五位女士穿著深色套裝來訪。感覺像是毛主席派來的，爸爸在廚房裡評論道。我們在客廳裡圍著女士們坐好，不時端上咖啡、茴香酒和土耳其甜點。她們見到媽媽的睡衣，連眼皮都沒有眨一下，肯定以為這是我們的文化，或是我媽媽想展現我們新獲得的自由。「前兩天妳在會上的演講，我們都對現場迴響印象深刻，」其中一位名叫德蘇夫人的訪客對我媽媽說：「聽眾鼓掌久久不散，感覺真是太好了。我們顯然聽不懂阿爾巴尼亞語，」她歉然微笑說：「但實在很想知道妳對女性自由發表了哪些高見。」

奶奶充當法文幫手，替我們翻譯了德蘇夫人的話。媽媽頓時神色緊張，彷彿忽然發現自己來應考，卻準備錯了題目。「什麼演講？」她用阿爾巴尼亞語低聲問奶奶：「我根本沒說過女性的事。」她隨即緩緩鎮定下來，轉頭自信滿滿對訪客說：「我認為不只女性，所有人都應該自由。」

「多麗認為這個議題很複雜，」妮妮翻譯道。

訪客們點頭稱是。「哎，絕對是，」德蘇夫人完全同意。「我們都知道，社會主義經常宣傳女性有多平等，」她接著說：「但實際上呢？阿爾巴尼亞女性是不是常被**騷擾**？」

奶奶躊躇該如何翻譯，客廳裡陷入了短暫的沉默。那個詞一直留在我腦中，但我當時不大了解它的意思。我記得媽媽一臉困惑，不再攪動咖啡裡的糖，兩眼望著問話者，思考自己的回答將會有什麼後果。她身上睡衣的輕鬆性感和她擺出的正經姿態形成了強烈的對比，感覺很滑稽，又令人不安。媽媽將咖啡放回桌上，但隨即因為緊張，順手拿起一塊土耳其甜點塞進嘴裡。「當然，」她邊嚼邊說，接著清了清喉嚨。「所以我向來刀不離身。」

德蘇夫人嚇到了。她縮進沙發，彷彿想拉開和我媽媽的距離。其他訪客也露出不安的眼神面面相覷。「只是一把餐刀，」媽媽發現自己如此坦白造成的反應，下決心要解釋清楚，便急忙補充。「沒什麼。」見訪客似乎更往後退了，她立刻開口說話。字句彷彿滑落山坡的小石頭，講得又急又不間斷：

「那是我年輕時的事了。當時我還不到廿五歲，每天必須通勤到北部偏遠村子的一所學校教書，放學後只能搭卡車司機的便車回家。冬天天黑得快，你得帶刀才可以搭便車。但我只用過一次，不是想殺死對方什麼的，」說到這裡，媽媽忽然笑了，彷彿某個好笑的細節從心底遺忘的角落冒了出來。「只是在他手上點一下，因為他的手就放在我大腿上，感覺很不舒服。」

奶奶一字不漏翻譯了媽媽的話。媽媽如釋重負吁了口氣，顯然很滿意自己的解釋，尤其是她成功地用輕快的口吻描述了理當很沉重的回憶。然而，這番話並沒有達到她要的效果。訪客們仍然呆若木雞。媽媽望向爸爸，似乎在向他求助。爸爸一直沒有開口，但顯然聽過這段往事，而媽媽剛才說的每個字，彷彿都讓他更有理由感到驕傲。兩人四目交會，爸爸朝媽媽暗暗一笑，好像餐刀當初是他遞給她似的。接著他轉頭看著訪客，自信有辦法達成媽媽沒做到的事。「她這個女人滿腔熱火，」他說：「沒有人比得上她。再來點茴香酒吧，這是多麗自己釀的。」

這番出手相救也沒有用。訪客們諾諾表示贊同，一邊伸手拿起杯子將酒遞到嘴邊，但小心不要喝太大口。媽媽再次陷入疑慮，加上覺得自己的解釋能力已經到了極限，於是又伸手拿了一塊土耳其甜點。但還沒拿到嘴邊，她就改變心意，將甜點放回容器，決定試試另外一招。

「在自由之邦，」她開口道，就像平常演講那樣：「也就是美國，所有人都能帶槍，因此自衛一點也不難。但在阿爾巴尼亞，我們選擇有限，社會主義不允許個人持有槍械。我們當然會用槍。我們從十六歲學校就有軍訓課。可是我們對槍械沒有控制權。我們和美國人不同，不能想用槍就用槍。」

基本上，要是媽媽在組織裡可以訓練女性用刀保護自己不受騷擾，她一定會那樣做，可惜事與願違。因此，她將自己的領導角色限定於協助當媽媽的女性申請簽證，出國探望移居他國的小孩。她匯集姓名、造冊、替需要經援的申請者募款、協助她們填寫表格、向使館預約。名義上，代表團出國是為了造訪歐洲各國首都的姊妹組織，例如雅典、羅馬、巴黎和維也納，但只要一出國界，代表團成員就會各自前往不同城鎮，只留下她和一兩位同事參加原定的會議，其餘「成員」則是去和子女或孫子團聚，直到行程結束。最後一天她們會在某處會合，一起去逛小吃攤和購物中心，但不買任何東西，因為就算再便宜的東西，對她們也是貴得買不起。就如她們說的，去那些地方只是「開開眼界」。

媽媽很清楚，老實透露出訪行程的真正目的會有什麼後果。她很快就抓到了簽證面談用的標準說詞，例如知識交流、發揮團隊綜效、技能發展訓練、建構使命願景或學習策略規劃等等。她說，有一回面談，一名外交官問她率領的組織是否也會參與女權運動。「我馬上問他『女權』是什麼意思？」她說：「我說我聽不懂他在講什麼。」對方提到比例原則和**優惠待遇**，媽媽立刻向他強調，這就是造訪西方國家那麼重要的原因：她的組織已經定好行動步驟，出國是想透過知識交流，向更有經驗的合作夥伴學習。「比例原則！平權！」那天回到家，她冷笑道：「不管他說什麼，我都得說是，只有這樣才拿得到簽證。我敢說他老婆僱了女清潔工替她做家事，讓她可以出門慢跑，然後抱怨女權。」

講到簽證面談的過程，媽媽的臉頰脖子就泛起大紅斑。「什麼優惠待遇！」她吼道：「什麼女權！那媽媽和小孩怎麼辦？我底下那些女士已經好幾年沒見到小孩了。桑妮，她在羅馬名單上，完全不曉得自己女兒過得怎麼樣。她只知道街名，潦草寫在一張紙上。她跟我說她每天晚上都擔心得睡不著。妳覺得她在乎比例原則嗎？但我要是這樣說，使館人員馬上會請我離開，跟我說不能給她簽證，因為她沒工作，難保她會回來。虧他還說什麼優惠待遇，沒這回事。讓媽媽去看小孩不在他們的定義裡。他們說的是代表制、參政權之類的夢想。廢話，反正這些對他們不痛不癢。」

說完她忽然轉頭問我爸爸：「你對優惠待遇有什麼看法？」

爸爸聳聳肩。「我覺得是好事，」他這樣回答：「但我認為得看做法和執行者，因為它可能被當成藉口，也可能汙名化黑人。」為了說得更清楚，爸爸搬出他唯一知道的民權權威：「我最近看了一場訪問，拳王阿里——」

媽媽打斷他。「我在說女人，不是黑人。你有沒有聽我講話？你知道嗎，西方女人，她們全是弱雞，沒辦法一心多用。要她們一邊讀書一邊工作、一邊工作一邊顧孩子，或是一邊顧孩子一邊煮飯，她們就沒輒了。她們認為這裡的女人也跟她們一樣，而且覺得這是國家的問題。於是就有弱雞站出來，提出一堆愚蠢的標準，要求給女人機會。」

「什麼是優惠待遇？」我問。

媽媽開始解釋，但她還在氣頭上。「假設學校因為妳是女生，就幫妳加分，」她說：「妳會有什麼感受？覺得被羞辱，對吧？」她每反問一句，聲音就愈高。我正想開口，她就自己回答了：「這樣就算妳拚命用功拿到好成績，分數也會跟妳朋友差不多，只因為她們長得和妳一樣，因為她們也是女生，所以就加分。妳覺得呢？」

我努力想像自己會有什麼感受，但媽媽對我的看法不感興趣。她只是假裝問，只是想發洩情緒。「假設所有事情都是這樣，」她接著說道：「妳怎麼知道誰拿到好成績是因為實力，誰不是？要是別人永遠認為，妳能有這番成就都是因為朋友幫了小忙，妳會怎麼想？」

媽媽討厭優惠待遇和性別比例原則，卻又同情那些支持者。只要有人膽敢影射她有所成就是因為她是女人，而不是因為她努力，就等著吃她的餐刀吧。她和合作組織開會時，常常強調共產黨時代只有一件事值得驕傲，就是黨厲行性別平等，沒有任何妥協。所有人不分男女都該工作，而且所有工作男女都能做，國家也積極鼓勵男女應徵，就連服裝限制也是男女通用。文化大革命期間，我們都深受中國同志鼓舞，誰穿西式風衣就會被唾棄，不論你是什麼性別。

媽媽說得沒錯，但也不全對。之前我們國家確實期待女人工作，任何地方都一樣。我所有同學的媽媽都有工作，沒有一個是家庭主婦。她們一大早起床打掃家裡，打點小孩上學，接著就去開火車、挖煤、修理電纜、在學校教書或醫院當護士。有些女人必須花很久時間才能到她們受僱的辦公室、農場或工廠，很晚才精疲力竭回家，之後還得弄晚餐、陪小孩做功課和洗碗，忙完再繼續煮飯，預備明日三餐。夜裡她們有的必須照顧寶寶，有的必須和先生做愛，甚至兩者都要。

男人在家就是休息；不是看報紙或看電視，就是出門找朋友。許多男人都覺得襯衫會有人燙好，只要端上來的咖啡稍微不夠燙，他們就會說風涼話。妻子如果也想出門訪友，他們有權知道理由，而且有時會嫌理由太牽強或直接反對，命令妻子待在家裡，或是不准再跟這個或那個閨密見面。男人老說這都是出於愛。在他們心裡，愛女人和控制女人基本上是同一回事。這是他們從他們父親那裡學來的，而他們的父親也是從他們父親那裡學來的，依此類推。他們學會之後，又會傳給自己的小孩。

有些妻子不想乖乖聽話。這時，控制和失控就像愛與控制，偶爾會分不清界線。接下來的一幕，可能是手腕骨折或鼻子流血，而這一切都被流著鼻涕躲在角落裡的孩子看在眼底，隔天到學校鉅細靡遺講給朋友聽。消息會傳到老師耳中，有時黨就會介入。萬一情況變得更嚴重，工作單位或地方黨委會就會開會，由黨內同志發言譴責這種行為只是表象，背後其實是人性的侷限、群體習俗或宗教遺緒。社會主義去掉了女性的面紗，卻沒有去掉男性的舊思想；拆掉了妻子身上的十字架，卻沒有卸除丈夫腦裡的枷鎖。除了等待改變，或者如我媽媽所說的保護好自己，別無他法。

爸爸想要改變，就像他爸爸也嘗試過。爺爺在獄中將德古菊（Olympe de Gouges）的《女權宣言（*Déclaration des Droits de la Femme et de la Citoyenne*）》譯成阿爾巴尼亞文拿

給哈奇看，對方叫他把譯稿吞下去。至於我的前總理曾祖父，他對阿爾巴尼亞女性權益的官方貢獻，就是性工作合法化，但戰後不久就被黨給廢除了。我們不曉得他腦袋裡如何，因為已經被炸彈炸得稀爛了，而且我們不准去想他。儘管如此，根據家族史，我家已經有好幾代男人至少理論上承認，女人不是完全附屬於他們的存在。

至於這點在日常事務上落實到什麼程度，例如誰煮飯、誰打掃、誰洗碗等等，那就是另一回事了。爸爸和家事的關係，就像小孩和甘藍菜：他知道對自己有益，可是卻令他反胃。不過，他只會用氣喘當藉口，從來沒端出染色體。為了解放我媽媽，他時常請自己的母親代勞，但奶奶也痛恨家事。不是因為她認為家事不該全交給女人，而是她從小就見慣家事都是佣人做的。最後，勞累的體力活還是全靠媽媽，爸爸和奶奶只負責教育。

媽媽從來沒想過事情無須如此。見到問題，她只會想自己可以如何解決，而不是能否求助他人。她所擁有的魅力、所具備的權威，都讓她不用倚靠外人，有時甚至過了頭。她唯一能給其他女性的武器，只有她的力量；唯一傳給我的防身術，只有她的親身示範。我從小看到別人對她畢恭畢敬，有如驚弓之鳥。不僅是她班上學生、鄰里的小孩和我們，她自己的小孩，甚至還有不少大人，包括男人。我常想她的力量從何而來，並一直以為可能是她本人令人心生恐懼，因為她什麼也不怕。但每當我試著模仿，嘗試控制內心的恐懼，甚至主宰它，卻總是很吃力。媽媽從來不用對抗或征服恐懼，她根本不知恐懼為何物。

她努力幫助的女性也不例外。如果說男人是被我媽媽懾服，女人則是很難將她視為同類。她從來不承認自己也很脆弱、需要幫助或解救。她出手相助永遠是出於慈善，而非團結。對她而言，道德兩難、依賴他人和一起追求共同理想全是雜事，是她追求個人目標路上的無謂阻撓。這就是她很難安慰人的原因，因為她從來不相信別人，只相信自己。

更重要的是，她不相信國家。我媽媽對抽象討論平等或制度如何促進正義非常感冒。探討一件事應該這樣或那樣，從一開始就問錯了問題。她認為一個人永遠不該思考國家能為你做什麼，而是思考自己能做什麼擺脫對國家的依賴。她懷疑所有關於優惠待遇與女性比例原則的討論都是官僚體制攫取更大監督權力的伎倆，只會讓社會寄生蟲有更多機會腐化。我媽媽從來不認為國家是推動進步的工具，從來不相信集體的力量。

直到許多年後，我才意識到一件事：我媽媽肯定非常寂寞。也是約莫那時，我才察覺另一件事，就是或許她根本不是異類，或許有幾百甚至幾千名女性和她一樣。她們不知道彼此存在，對自己的自立自強感到自豪，厭惡對方缺乏勇氣、抱負或抵抗的意志。或許是制度洗腦失敗，或許是她缺乏想像力，我媽媽在社會主義國家活了一輩子，卻深信一個人只能與他人對抗，無法並肩作戰。我雖然想表示同情，但我知道這樣說，她只會覺得侮辱。

十六、這就是公民社會的一部分

一九九三年十月一天下午，我放學回家發現奶奶神情不安地站在門口。我走進家裡，奶奶一路默默跟在後頭。等我放下書包和課本、換上居家服、吃完她熱好的肉丸後，她便指著客廳的沙發，示意我去坐好，自己跟著坐到對面的扶手椅上。那是她平常坐的位子。坐好之後，她終於打破沉默，問了一個令我意外又覺得荒謬的問題。

「妳是從哪裡知道保險套是什麼的？」

「什麼東西？哪裡？」我回答速度之快，讓她覺得一定是我不敢認帳。「我不知道什麼是保險套。」

「妳一定知道，」奶奶很堅持。「妳爸爸在街上遇到卡森，對方警告他要注意妳。他兒子親耳聽見妳說應該用保險套。教室裡好像有二十個左右的男生，年紀都比妳大一截，但連他們都覺得很尷尬，一個好家庭出身的女孩竟然在學校講這種事。妳爸爸氣壞了*，非常火大。」

「哦，妳是說法文翻譯嗎？」我聽見她說法文，這才想到她在講什麼事。「我只是在翻譯法文電影的結尾，不是對著誰說。」

這話一說反而更糟。

「妳在學校為什麼要翻譯講保險套的電影？」奶奶繼續追問。

「是騾子要我做的，」我回答：「我只是在法文字典裡查 préservatif 這個字，誰曉得它是什麼意思。」

我那時剛上中學，「騾子」是我們替之前教馬克思主義的老師取的綽號，因為她走起路來像小跑步，而且背著很沉的背包氣喘吁吁，彷彿扛著一個自己快背不動的人似的。我爸爸媽媽懷疑她當過西古力米，只要在路上見到她，他們就會走到馬路對面。騾子最近剛加入公民社會。為了貼補微薄的學校薪水，她在我們城裡設有分部的兩個外國非政府組織裡頭當助手，經常叫學生幫忙組織活動。從為共青團辦晚會和霍查誕辰慶祝表演，到替非政府組織工作，騾子轉換得天衣無縫。爸爸開玩笑說，有些技能到哪裡都管用。

＊ 譯註：原文為法文 Ton père est en colère.

「既然妳不知道保險套是什麼，騾子為什麼要妳翻譯講保險套的電影？」妮妮的氣憤慢慢消了，取而代之的是疑惑。

「她只叫我翻譯電影的結尾，不是全部，」我解釋道：「電影內容在講一個死於愛滋病的女孩。愛滋病是一種致命的傳染病。那個女孩在電影結尾講自己的故事，我得把她說的話翻譯給大家聽，所以只好對著所有人說『請戴保險套』，因為那個女孩她就是這樣講的。騾子只放了那個部分給我們看，不是整部電影，可是很有用。那個女孩兩眼含淚，所有人都被這一幕感動了。騾子現在主持一個新成立的非政府組織，叫做行動給力（Action Plus），目的在讓更多人認識愛滋病。我們在學校每兩個月左右就會舉辦午後活動，上一回就放了這部法文電影的結尾，呼籲大家認識愛滋。我們每個人都有自己的任務：貝莎朗讀吉卜林（Rudyard Kipling）的詩〈假如〉，另外幾位同學演唱愛滋病過世的墨裘瑞（Freddie Mercury）的〈我想掙脫束縛（I Want to Break Free）〉，我負責翻譯電影結尾，因為騾子覺得那一段很感人（雖然她看得不是很懂），而且只有我會說法文。幫行動給力募款的幾位美國人也有來，他們拚命鼓掌，說我們的宣傳活動**非常鼓舞人心**。」

我一股腦地解釋完，差點斷了氣。儘管成功說服奶奶相信我的無辜，但我卻開始懷疑行動給力不乾淨了。

奶奶什麼也沒說。她從扶手椅起身坐到我身旁，替我上了人生第一堂性教育課。她解釋了保險套是什麼，為什麼需要。我告訴她什麼是人類免疫缺乏病毒，然後兩人一起搞清楚這個她沒聽過的病是怎麼傳染的。我還跟她提到所有死於愛滋病的名人，例如芭蕾舞巨星紐瑞耶夫（Rudolf Nureyev）和美國演員安東尼・柏金斯（Anthony Perkins）。前者她知道，因為紐瑞耶夫一九六一年從蘇聯投誠西方。後者她不認識，但很快就想起我跟她說過，柏金斯就是電影《驚魂記》裡的諾曼・貝茲。

「真可怕，」奶奶一臉不可置信，搖頭說道：「太可怕了，我從來沒聽過這種病，但或許很快就到我們這裡來了，誰曉得。」她答應會說服我爸爸，行動給力不僅沒有威脅，而且很有必要，因此無須過問我參加騾子的活動。她會跟爸爸解釋，雖然在我們國家，有教養的女人絕不會發生婚前性行為，但可能也撐不久了。我們有理由假定，愛滋病遲早會傳到我們這裡，就像毒品和其他來自西方的敗德事物一樣，因此提早預防不僅合情合理，而且必要。

「自由，」奶奶總結道：「這就是自由過頭的代價。這世上有好東西，也有壞東西，你不可能永遠控制所有人，讓他們都不會感染這個病毒。我想這就是我們需要這些非政府組織的原因。這樣才能保護我們，讓我們不會罹患這些新的疾病，防止即將到來的災難。我們不能指望國家做這些事，因此需要公民社會。」

「公民社會」是我們政治詞彙庫的新成員，多多少少取代了「黨」的地位。一般公認正是公民社會將天鵝絨革命帶到了東歐，加速了社會主義的瓦解。在我們國家，這個用語直到革命結束了才流行起來，或許是因為這樣講起那一連串乍看不可能發生、事後又需要一個標籤才能具有意義的事件時，才有一個詞彙可以稱呼。於是，「公民社會」就這樣加入了新鮮詞彙的行列，一如「自由化」取代了「民主集中制」，「私有化」取代了「集體化」，「透明」取代了「自我批判」，「打擊貪腐」取代了「反帝國主義鬥爭」。「轉型」雖然沒有被取代，意思卻從社會主義轉向共產主義變成了社會主義轉向自由主義。

這些新思想都和自由有關，只是不再是集體自由，而是個人自由。與此同時，集體也成了髒詞。只不過我們仍然有一種揮之不去的疑慮，也可能是殘存的文化記憶，擔心一旦失去社會控制，更多的個人自由將帶來傷害自己的自由。現在所有人一致公認，社會控制不能交給國家。這讓我們更需要擁抱公民社會。理論上，公民社會不僅獨立於國家之外，還有可能取代國家；儘管可以自主形成，但仍需要刺激誘發；它可以帶來和諧，卻又坦承有些差異可能永遠無法化解。公民社會由許許多多社群團體與組織組成，就像社會主義國家裡因為排隊而形成的友誼。這些團體有些源自地方倡議，但大多數都得力於外國友人幫忙。我們時常聽到，我們國家的問題在於缺乏有效運作的公民社會，但我們並不曉得，我們是曾經擁有公民社會，只不過後來被黨綁架了，就像泰坦神克洛諾斯（Cronus）吞了自己的孩子，還是必須從頭從零建起。不論如何，兩樣都做還是比較保險，既要讓克洛諾斯吐出孩子，打造活躍的社群生活，讓個人擁有集會結社、交流思想、彼此互動、學習與交易的自由，還要防止他們墮入即將來臨的危險。

我的青少年歲月，正是公民社會運動勃發的年代。而我和許多人一樣，沒有忽略它帶來的好處。例如在開放社會基金會的辯論隊裡，可以討論「死刑理當存在」之類的動議，進而認識美國憲法第八修正案。辯論「開放邊境才有開放社會」這種題目，可以學到世界貿易組織的功能。只要參加行動給力的愛滋宣導活動，就能在體育宮原先的乒乓球室裡吃免費花生、暢飲可口可樂，打發一個下午。參加世界語之友會，就有機會前往巴黎。參加紅十字會，就能分送日用品給有需要的家庭，並免費獲得一袋白米。這跟我們之前向鄰居借米不同，不僅分量更多，而且來自西方國家，上面還標了「食用期限」，提醒你最好在哪時之前把米吃完。至於日期，通常是我們拿到米的一週前。

我朋友瑪西妲成立了古蘭經讀書會。她和家人當時擠上了發羅拉號離開阿爾巴尼亞，但和其他人一樣被送了回來。她爸爸工作的鞋坊已經變成了夜店。失業的他決定繼承他父親的腳步，受訓成為伊瑪目。瑪西妲教我古蘭經忠誠章的經文：奉至仁至慈的真主之名；祂是真主，是獨一的主；真主是萬物所仰賴的；祂沒有生產，也沒有被生產；沒有任何物可以做祂的匹敵*。這是最值得背誦的經文，瑪西妲說，因為它在講真主的屬性：合一、權柄與永恆。雖然朗誦只要十二秒，但先知穆罕默德告訴我們，引述它就等於知曉三分之一本古蘭經。我從瑪西妲的翻譯裡聽到真主是萬物所仰賴的，便決定去清真寺瞧瞧，好更了解穆斯林的神。

我將這件事告訴爸爸，說我已經將清真寺納入我的公民社會活動清單。他打趣說：「妳會祈禱我找到工作嗎？」「沒有用啦，」我回答：「重點是換掉你履歷用的字體，從泰晤士報新羅馬字體（Times New Roman）換成加拉蒙（Garamond）。」

結果還真的有用。我不曉得是禱告或改字體的功勞——也可能是我媽媽新的政治人脈奏效——但我爸爸真的在我十四歲生日前後有了工作，受僱接掌一家名叫普朗特斯（Plantex）的國營事業。這家公司之前專做藥用植物出口，但眼前的目標是削減巨額債務。

在許多人向他保證，前一位負責人已經裁掉所有冗員之後，我爸爸接下了這份工作。他對未來充滿期待，覺得自己已經準備好迎接挑戰。

他在後共黨時代處理我家財務的表現有目共睹。受僱接掌普朗特斯的幾週前，我爸爸順利還清了一九八〇年十一月四日雷根擊敗卡特那天我家向別人借的錢。我會記得這個日期，是因為我家就是這樣記住我叔叔最後一筆借款的。

現在想起來，我爸爸的職業從種樹轉到籌錢，感覺有點像是把皮諾丘送到希望之田（Field of Wishes）那樣。但他的信心既非自大，也不少見。他對金錢事務的想像，就跟所有國人沒有兩樣。

我家在一九九三年沒有積蓄。跟親戚鄰居借錢逐漸式微，一是因為現在能出國了，有地方可以**花掉**積蓄，過去很難有這種機會；二是因為個人收入差距開始巨幅拉大，敲門借錢很可能暴露自己是失敗者。以前有一種叫做「社內樂透」的借貸方法，員工主動從薪水裡撥錢資助同事買洗衣機或電視。這個管道也快消失了。個人交易匿名化，貸款公司和保險業者不斷增加。但我家人不信任那些機構，不敢找他們存錢借錢。「難道妳忘了《畢羅

＊ 譯註：原文為阿拉伯文 Bismillah Hir Rahman Nir Raheem/Que huwa Allahu ahad/Allahu assamad/Lam yalid walam yulad/Walam yakullahoo/kufuwan ahad.

多（*César Birotteau*）》講破產的那一章？」奶奶常這麼說，彷彿搬出巴爾札克《人間喜劇》裡的虛構角色，就足以證明信貸制度不道德似的。媽媽對這個議題的看法比較複雜。她說，只要我們還有不動產就沒問題，就像她家族以前那樣。雖然後來她想法變了，我們還是將存下的一小點錢藏在爺爺舊外套的內口袋裡「招福開運」。

那件外套是少數在社會主義和自由主義統治之下功能不變的物品。我們努力不讓家裡陷入經濟困難。奶奶開始當法語和義大利文家教。街坊很快傳出風聲，說她的外語不像其他人是從歌曲和電影學來的，而是她讀過法語中學，於是她的課很快就供不應求。我們的臥房被改成教室，折疊桌椅、黑板和粉筆一應俱全。黑板上始終寫著法語動詞變化，彷彿想將動詞描述的動作化為永恆：je viens d’ oublier; tu viens d’ oublier; il/elle vient d’ oublier.（我只是忘了；你只是忘了；他／她只是忘了）。我感覺自己好像一直住在學校裡。爸爸負責課後收錢。他會用仁慈又權威的語氣催繳學費，而他管理家中財務的嚴厲節約，更是完全和以前的他連不在一起。奶奶覺得他和我媽媽一樣有生意頭腦，其實他只是害怕負債。他以前常說，債務就像一頭野獸，在社會主義底下和其他東西一樣長眠不起，在資本主義底下卻是永遠清醒。我們必須在它殺死我們之前把它殺了。爸爸絲毫不敢鬆懈，直到清償所有欠款才敢休息。每殺死一頭野獸，就預備殺死下一頭。正是因為如此，他才會對這個新的英雄任務如此興奮：拯救普朗特斯。

媽媽在二手市場買了一條繡滿小白象的黑色領帶給他，並將爺爺的外套與長褲補好。爸爸上班第一天，從來不曾表露宗教傾向的奶奶要他親吻古蘭經三次才准出門，說這樣「比較保險」。有了我家最近的經濟表現、領帶上的大象、身上的幸運服裝和向阿拉致敬，厄運只剩一個地方可以攻擊，那就是我爸爸的破英文。

這一點乍看像是杞人憂天。爸爸除了阿爾巴尼亞語，還會講五種語言。首先是法語，他和家族裡其他人一樣是小時候學的。其次他還會義大利文，靠的是閱讀走私進來的皮藍德婁小說《一個小說人物的悲劇（*Novelle per un anno*）》。在我們還跟莫斯科交好的年代，他贏過俄文比賽。憑著俄文和南斯拉夫電視台的影像協助，他自學了塞爾維亞—克羅埃西亞語和馬其頓語，還說馬其頓語跟保加利亞語一樣。可是他怎麼也料想不到，這一切都無法彌補他自認此生犯下的最大錯誤，也就是沒學英語。他不僅沒有因為自己會說這些語言而得到安慰，反倒開始將此事視為厄運的擺弄，讓他沒有學會真正該學的語言——英文。「我要是有看《在家說外語》，」他時常雙手抱頭這樣對我說：「要是有讀《必背》就好了。」

「是《留學生必備英語（*Essential English for Foreign Students*）》，」我糾正他說。

結果爸爸更沮喪了。「妳運氣好，小赤軍旅。因為我們跟蘇聯決裂，所以你們在學校就有學英語，不像我只學了俄語。」英語成為他新的心魔與夢魘，讓他夜不成眠。「他們很快就會來了，」他時常聲音顫抖地說：「那些外國專家。他們很快就會來這裡，而我卻無法和他們溝通。」接著又說：「只要政府換人，我很快就會被開除了。我清楚得很。因為我不會英語。」

「可是，查菲，你可以學啊，」奶奶溫柔提醒他。「而且你有法語——布魯塞爾很重要，你懂吧，因為我們很快就要加入歐盟了。現在還是有很多人在學法語。」

「對啊，就法國人自己在學，」媽媽嘲諷道：「他們一輩子會學兩次法語，一次當母語，一次當外語。」媽媽自覺高人一等，因為她懂一些基本的英文。這都得感謝她媽媽諾娜，戰前上過富家小孩讀的美國寄宿學校。「不過媽說得沒錯，去學就好了，」媽媽命令道：「別浪費時間在擔心上。」

其實，爸爸很少「浪費時間」在擔心上，而是恰恰相反。他向來是從這堆擔心跳到下一堆擔心，藉此刻畫時間流逝、組織事件、打造期望。擔心是他的存在本質與根本處境，就和呼吸睡覺一樣自然。就算問題不在英文，而是小得多，爸爸也會找到擔心新工作的理由。他擔心的不是英文，而是沒有人能向他保證，沒有人能說不會英文無所謂。

起初，爸爸以他一貫的方式來應付。他買了一本詞典、挑了一本書，然後邊譯邊學。這個方法很快就失敗了，原因可能出在他發現自己會的那些語言統統幫不了忙，但也可能出在他挑的書是《莎翁全集》。感覺就像這本家族流傳下來的十九世紀精裝版當初沒有被政府沒收，就是等著半世紀後可以羞辱我爸爸似的。

於是，我開始勸他也去報名我參加的午後英語課程。課名叫劍橋學院，不用學費，只需要寫五、六十封信，寄到英國給隨機挑選的人。修課者會拿到一個包裹，裡面有幾頁電話簿影本，以便挑選收信者。信裡除了介紹自己和家人，附上一兩張照片，表達結交外國朋友的心願，還要請對方捐錢贊助這套英語課程。我拿到的資料是F開頭。我始終不曉得收到回信後該怎麼做，因為我從來沒收到回音，感覺就像眼淚掉進大海裡。傳聞說有些修課者收到錢，還有些修課者接到邀請，要他們去英國旅行或讀書，可是從來沒有人親眼為證，因為收到信的人從來不曾把信帶到學校，免得運氣差一點的同學「偷走好心人的地址」。至於我得到的好處，就只有英語變好。因為每封信都必須不一樣，讓我學會用不同的說法表達基本上相同的事。爸爸聽了同樣躍躍欲試。但報名時卻得知課程僅限兒童和青少年。對方告訴他，不大可能有人會回一個阿爾巴尼亞中年男子寄來的信。想也知道，爸爸這下更沮喪了。

某天下班回家路上，爸爸在公車上偶遇一群美國年輕人，竟然讓他重燃希望。應該是海軍陸戰隊員，他說——他是聽他們這樣自我介紹的。這點從他們身上的黑色帆布背包、緊身長褲、燙得筆挺的白襯衫、鬍子刮得很乾淨的臉龐和完美短髮就看得出來。這群海軍陸戰隊員上前找我爸爸問路。爸爸解釋說他聽不懂英文，但話語間顯然透露了他對自身處境的悲傷。那群年輕人在紙條上寫了幾句話，塞進他口袋裡。紙條上寫著，他們晚上有開免費的英語課，很歡迎他報名參加。

爸爸立刻就報名了，而且對課程非常滿意。班上有他認識的人，包括正在受訓成為伊瑪目的鞋匠鄰居穆拉。向母語者學習不但讓他英語突飛猛進，他們用的教科書本身也很有趣。他得知了後期聖徒教會和之前從來沒聽說過的一條教義。他發現他們和伊斯蘭教一樣允許一夫多妻。爸爸說，課堂上的討論總是很深入、很紮實，跟一般人想像基礎英語課只會談簡單無聊的東西不同。有些學員在班上捍衛先知穆罕默德比耶穌更優越，因為他沒有妄稱自己是神子。雖然先知不只穆罕默德一人，但他是最後一個，因此說的話最正確。我爸爸沒有選邊站。他曾經在某處讀到，理性和信仰不能以同一標準檢視。但他喜歡聽人辯論，判斷誰有道理。班上有些人對後期聖徒教會批評得很厲害，爸爸說。穆拉邀海軍陸戰隊員去參觀舊清真寺。那地方之前被改成青年中心，後來改回原用途，最近才在沙烏地阿拉伯的穆斯林朋友協助下重新翻修過。

爸爸後來發現，他們其實不叫海軍陸戰隊員（Marine）。他當時英語理解能力太差，在車上聽錯了。他們叫摩門教徒（Mormon）。這群人自稱傳教士，但我家人對他們到底來做什麼意見分歧。爸爸覺得他們只是來教英語；妮妮堅稱他們如果只是來教英語，就會說自己是老師，而不是傳教士。傳教士之所以叫做傳教士，就是因為他們的任務是改變別人信仰。對此，媽媽只說：「這就是公民社會的一部分。」彷彿光是講出那四個字，就能終結所有宗教辯論似的。

「可憐的孩子，」奶奶嘆息道。

「確實很可憐，」爸爸說：「說他們想改變別人信仰並不公平。他們在班上是少數，總是處於挨打的份。想改變別人信仰、把他們統統變成穆斯林的是穆拉和他那群朋友。」

「我就是這個意思，」媽媽說：「這就是辯論的一部分。」

「可憐的孩子，」妮妮又說了一次。

從那天起，只要我爸爸去上英語課，妮妮就會說他又去看「那群可憐的孩子」。

十七、鱷魚

我爸爸還跟一位原本人稱鱷魚、後來綽號「可憐傢伙」的先生練英文。那人名叫文森特·范德伯格（Vincent Van de Berg），在海牙出生，但絕大部分時間都住在海外。他為世界銀行工作，也算是某種傳教士，只不過背包裡沒有聖經，而是隨身帶著一份名為《金融時報》的粉紅色報紙。他將報紙裝在皮製的小提袋裡，裡頭還有一台豪華電腦。那是我從小到大頭一回見到電腦。他來阿爾巴尼亞擔任政府顧問，協助一些私有化計畫。他是「專家」，也就是爸爸正確預言很快就會出現在我們國家，所以他得趕快學英文的那種人。

范德伯格是社會轉型專家，他自己也活在轉型中，總是從一個轉型社會轉到下一個。由於他實在待過太多國家，因此比起問他收入多少，只有一個問題更令他難堪，就是問他住過多少國家——他想不起自己去過的每個地方的名字，只會微微聳肩，瞇眼茫然望著遙遠的前方，彷彿在等雲朵變成地球的形狀，化為地圖，讓他得以見到自己停留過的國家。

他會搔搔頭，臉龐微微泛紅，露出似笑非笑的神祕表情，用介於遺憾與辯解的語氣說：

「哎，我去過很多很多國家，太多地方了。非洲、南美、東歐，現在又加上巴爾幹半島。我哪裡都去過，我是世界公民。」

范德伯格的頭很禿，只剩幾撮短短的灰髮。他戴著一副銀色細框大眼鏡，身穿深藍牛仔褲和短袖上衣，看上去有點像陸戰隊制服，只不過沒有口袋，而是繡了一隻小鱷魚。那鱷魚是布料織成的，眼睛死盯著一個方向，張大嘴巴露出利牙，頭和身體相比大得不成比例。范德伯格常換上衣，每天不同顏色，但小鱷魚永遠都在。我開玩笑說他可能很喜歡鱷魚，因為那會讓他想起自己去過的異國他鄉。爸爸說應該是他想讓人更容易記住他。范德伯格成為我們鄰居之後，所有人都喊他「鱷魚」，直到後來發生了一件事，大家才將他的綽號改成「可憐傢伙」。

范德伯格會住到我們這條街上，都是因為弗拉穆。兩人在美食市集遇到，弗拉穆常在那裡當扒手。自從他媽媽的工廠關門，他家幾番嘗試出國都沒成功，他就選了這一行。弗拉穆原本想偷對方錢包，沒想到遇上了敵手。范德伯格不只是轉型專家，也是感覺口袋裡東西位移的專家。「我沒碰錢包，」弗拉穆事後說：「而是問他需不需要幫忙，免得被他發現。我帶他去了幾個攤子。他說他剛來這裡，想租房子，我就說我家可以。」

范德伯格去看了房子，結果很喜歡，便問哪時候可以搬進來。弗拉穆答道目前的房客答應很快就會搬走，頂多再住一週。接下來那一週，我們幫弗拉穆和他媽媽許普瑞莎打包所有家當，搬進隔壁席孟尼家答應租給他們的房間裡。席孟尼家移民義大利之後，房子就一直空著。靠著房租差價和他媽媽替范德伯格打掃煮飯賺的錢，弗拉穆又能回學校上課，而他也不忘分享這位荷蘭房客的生活細節，例如鱷魚每天清晨很早出門，只會邀外國人到家裡晚餐，從來不找阿爾巴尼亞人；他會和朋友一起在院子裡吃沙拉，說這裡的沙拉讓他想起希臘沙拉；他曾經和一位任職於義大利天主教學校的年輕女孩交往，後來又和女孩的閨密約會，對方在索羅斯基金會當翻譯；鱷魚說他的內衣昨晚晾在曬衣繩上被偷了，諸如此類的事情。

鱷魚搬進弗拉穆家幾星期後，就得到了「可憐傢伙」的稱號。那天，街坊頭一回設宴款待范德伯格，歡迎他成為鄰居。范德伯格其實不窮，至少我們都這樣覺得。因為他要是真的很窮，就會和其他人一樣想離開我們國家。所有人都覺得他一定很有錢，只是非常小氣，路上遇到從來不會給你東西，連口香糖或糖果都不給，跟我們小時候遇到的外國遊客完全不同。

范德伯格的歡迎宴起初很歡樂。大夥兒和從前一樣，在帕帕家院子裡擺好桌椅，氣氛也和往常一樣熱鬧。孩子們來回奔跑，幫忙拿餐具和盤子，狗在桌底下找東西吃，音樂從喇叭傾瀉而出。不少鄰居從家裡端來開胃小點，還有餡餅、肉丸、青椒塞肉、烤茄子、橄欖、各種優格醬、串烤羊肉、土耳其甜點、果仁蜜餅、龍鬚糖糕（kadaifi）、啤酒、白酒、李子白蘭地（slivovitz）、葡萄茴香酒、烏佐酒（ouzo）、土耳其咖啡、濃縮咖啡、高山茶、中國茶和超級多鋁罐，除了可口可樂，還有最近開始在商店裡出現的各種飲料。弗拉穆坐在前廊一頭當起DJ。他不停更換卡帶，以滿足各種品味與喜好，只要覺得少了什麼音樂，就叫年紀小一點的小孩去拿。舞池整個晚上沒空過。有些人見到現場跳起傳統排舞就會加入，有些人聽到哥薩克民謠才會起身。有些人聽見〈藍色多瑙河〉的樂音響起，就會雙雙對對從桌旁出現，還有些人，例如我爸爸，只會跟著比爾哈利（Bill Haley）和貓王的音樂跳舞。不跳舞的時候，大夥兒就會唱歌，從〈黑眼珠（Ochi Chyornye）〉、〈讓它去（Let It Be）〉唱到阿巴諾的〈幸福（Felicità）〉，再唱到〈雪花（Luleborë）〉。只有這首歌大家唱起來跟實際歌詞比較接近。

范德伯格坐在院子正中央那一桌，也就是婚禮上會是新郎新娘坐的主桌。他雖然沒有唱歌跳舞，但手指輕輕敲桌，隨著旋律左右擺頭，跟著自己認得的歌曲哼，似乎很開心。他說這場晚宴令他想起迦納的派對。男人輪番自我介紹，和他用力握手，拍他的背。「歡迎，文森特！再來一杯茴香酒！是我自己釀的，」其中一人說。「這杯酒敬你健康！」另一人接著說。然後：「你說你是荷蘭來的，對吧？敬阿爾巴尼亞和荷蘭友誼長存！」或者有人會說：「喝吧，文森特！世界銀行萬歲！天護美國！」

夜深後，輪女士登場了。她們沒有男人那麼喧鬧，但同樣使盡全力想讓范德伯格覺得賓至如歸，繼續參與愈來愈熱絡的討論，尤其絕對不能沒東西吃。「文森特，你吃了洋蔥肉末餡餅嗎？」「很好吃，」范德伯格說：「我吃過印度咖哩餃，但比較辣。」「家裡餃？那是什麼？俄國菜對吧？來，吃點肉丸配番茄醬，這樣搭配才對。不是，不是那個，文森特，那個醬冷掉了。你應該淋這個，或是優格醬，就是那個，那個好多了。小太陽，去拿研缽和杵過來，我們忘了磨胡椒。文森特得嚐嚐胡椒口味……」

吃到一半，范德伯格開始面露疲態。他手指愈來愈少跟著節奏敲桌，同時一手摀著肚子，似乎很不舒服。眾人依然不停問他去過哪些地方，怎麼會找到阿爾巴尼亞的工作，以及他的家庭背景。「你說你是在海牙出生的？我有個親戚住在海牙。他一九五〇年代穿越南斯拉夫邊界離開的。他叫傑爾吉，傑爾吉．馬奇。我記得他在那裡好像叫尤里斯。你有遇過他嗎？尤里斯，尤里斯．馬奇？當然，他可能已經過世了……」范德伯格搖搖頭。他微微皺眉，只是很難看得出來，笑容也變少了，但似乎沒人發覺。

過了一會兒，范德伯格起身詢問廁所在哪裡。一群男士陪他進屋，完了又陪他出來。范德伯格回座後，「文森特，」朵妮卡問：「你說你還沒結婚，對吧？怎麼會這樣？你又不老，你剛才說你幾歲？別擔心，說不定你會遇到一個可愛的阿爾巴尼亞女孩。阿爾巴尼亞女人很美，而且很勤快！來，吃點果仁蜜餅，是我自己做的，裡面有胡桃。」「胡桃，」范德伯格跟著說，但還是婉拒了。「我吃了一塊花生的，還沒吃過胡桃的，可是我真的飽了，謝謝。」「飽了？怎麼會！你個頭這麼大，怎麼會飽！會不會是太熱了？你要不要把外套脫了？你看我們還有那麼多食物。許普瑞莎的龍鬚糖糕很好吃，你要是不嚐嚐，她肯定會生氣。先來點果仁蜜餅，然後別忘了留點胃給龍鬚糖糕。」

壓垮駱駝的最後一根稻草，是弗拉穆放的拿波隆尼（Napoloni）傳統舞曲。弗拉穆提高喇叭音量，所有人一聽前奏，認出是這首歌，原本還坐著的賓客立刻衝進臨時搭成的舞池裡。通常只有逃難他們才會這麼急。接著，有鄰居想起他們把范德伯格晾在桌邊了，於是匆忙派了一壯一少兩個男人趕回座位，指著所有人揮舞手帕唱歌跳舞的地方，朝著范德伯格的耳邊大喊：「文森特，我們一定要跳，這是拿波隆尼舞，你一定要學，只要你住在阿爾巴尼亞，就不能不學拿波隆尼舞，走吧！」

范德伯格微微擺手，示意他不想跳，但兩位男士扯著他椅子再次大喊：「走吧，別害羞，這是拿波隆尼舞，你一定要跳。喏，手帕拿去！」范德伯格扭動肩膀，甩開男士們的手。「不行，」他說：「我舞跳得不好。我喜歡看，拿波隆尼舞跟左巴舞有點像。」眼看舞蹈就要結束，樂曲接近尾聲，兩位男士覺得就要錯過自己最愛的舞曲，心中微微不悅，於是催促得更勤了。

「文森特！」比較年輕的男士用近乎絕望的語氣吼道：「快點，快點，文森特，舞曲快要播完，拿波隆尼舞就快結束了。你說不行是什麼意思！你當然可以跳，所有人都會跳拿波隆尼舞。你看，你只要拿著手帕在空中揮，像這樣，然後兩手像飛機翅膀一樣打開，維持這個姿勢往上、往上、往上，然後打開，手臂不動，只動肚子……」

為了示範飛機跳舞是什麼樣子，年長男攫住范德伯格的左臂，年輕男攫住他的右臂，想把他兩隻手舉起來。范德伯格滿臉通紅，汗珠從額頭滑下。他一把推開兩位男士，重新坐回座位。舞曲正巧結束，他一拳重重打在桌上，震得杯裡的茴香酒灑到了地上。他氣得情緒失控。「嘿，我是自由的！」他咆哮道：「你懂嗎？我是自由的！」

舞池裡的人都呆住了，轉頭朝桌子看來。朵妮卡的丈夫米哈爾坐在另一頭，看不清發生了什麼，便起身朝這頭走來，看是不是有人醉酒打架。他發現范德伯格臉色不對，忽然想起對方除了母語，無法用其他語言跟大家溝通，便自願充當翻譯。范德伯格已經鎮定下來。他收拾東西，從座位起身對米哈爾說：「對不起，我有點累，得先告辭了。晚餐很美味，謝謝。」

街坊們竊竊私語返回座位，米哈爾陪范德伯格走到門口。「他有說他吃飽了，」范德伯格離開後，許普瑞莎評論道：「但我想他是擔心我們開銷太大，想替我們省點食物。可憐的傢伙。」

「可憐的傢伙，」朵妮卡附和道：「可能是蚊子，或者是太熱。這些觀光客就是受不了。我跟他說了好幾次，但他就是不肯把外套脫掉。」

「可憐的傢伙，」我爸爸跟著說道：「他的確跟我說過他不大會跳舞，也不喜歡跳。」

「**我是自由的！**」原本想教范德伯格跳拿波隆尼舞的那兩個男人說著白眼一翻，聳聳肩接著說：「那是什麼意思？好像跳舞就是剝奪自由一樣。我們都很自由啊。你如果想跳，那很好，不想跳也沒關係。講明就好，沒必要敲桌子。可憐的傢伙，他一定熱壞了。」

那次晚宴後，整個街坊就隱約同意，我們再怎麼努力接納范德伯格，也無法讓他成為我們的一分子。只有我爸爸繼續和他往來，除了藉著和他討論足球比數練習英文數字，也因為他們經常得在會議裡碰面，討論私有化的問題。至於其他鄰居，他們只會遠遠地和他客氣打招呼，私下繼續聊這個「可憐傢伙」，分享他的小道消息。他們有時也會叫他「可憐的荷蘭人」，偶爾才喊他「鱷魚」。只要范德伯格出現在路口，原本湊在門口聊天的女士就會消失，幾分鐘後才又出現，繼續仔細分析「可憐傢伙」的習慣，彷彿一群治療師背著患者進行心理會診一般。妳們有注意到嗎，她們會說，他每天早上都會去慢跑，感覺就像文化大革命養大的孩子。他會不會是間諜？他從來不跟人握手或擁抱，這不是很怪嗎？不曉得他爸爸媽媽是不是還健在？或許在安養院，他們西方人都是這樣的。他肯定賺了很多錢，才會想來這種需要排隊又會停電的地方。或許每天賺一百元？還是一千元？

週末，范德伯格會去鄉間閒逛。他仍然會穿鱷魚上衣，只是電腦包換成背包，深色牛仔褲換成嗶嘰短褲，同時戴上印有「厄瓜多」字樣的草帽，手裡拿著相機，看起來總算比較有觀光客的樣子。

「文森特，你去過達伊蒂山了嗎？」我爸爸隔著大門和他寒暄時這麼問。「還沒，」范德伯格回答：「但我打算最近去一趟，還有另外一個地方，我現在想不起名字。我不是記得很清楚，它發音太難了，我試都不想試！」

范德伯格的所有習慣裡頭，就屬這個最令人搞不懂。他永遠想不起去過的地方、見過的人和做過的事。所有聲音、氣味與接觸進到他心裡，就像桌子上亂糟糟的資料，只有他本人知道什麼東西擺在哪裡。不論我們向他推薦什麼新菜，建議他去哪個觀光景點，或想教他某個常用的字，他都會不意外地接受建議，然後聯想到自己有過的經歷，接著便開始自己行動，從來不曾顯露絲毫的茫然無措。當我們警告他有什麼挑戰或協助他應付困難時也是如此。雖然范德伯格總是樂於接受建議，但我們始終隱隱感覺，他其實不需要我們提點。

除了那次晚宴他失控發怒，我從來沒見他出現過一絲焦慮。「文森特，」我們會說：「今天晚上可能會停電，因為白天都沒停。你有蠟燭嗎？」或是「文森特，下午兩點了，水應該快來了。你最好用瓶子裝一點，免得半小時後又沒水了。」范德伯格會說：「我知道了，謝謝你告訴我。我之前也遇過這種事，在……反正是中東某個地方，那裡供水也有問題，而且經常停電。至少這裡沒有炸彈！」重複感（replicability）是范德伯格的祕密武器。他言談間透露的不意外就像一股魔力、一種把戲，讓他將所有新東西變成舊事物，所有陌生的經歷變成熟悉的領域。

這點對我們的影響正好相反。不論我們說什麼，只要范德伯格連結到他去過的地方，提起自己的過往經歷，我們熟悉的東西就會變得陌生。得知我們沒有教他任何新東西，並不會讓我們不高興。只是當我們發現自己原以為獨一無二的東西其實並不特別，我們覺得突出的東西，對見多識廣的人卻是稀鬆平常，感覺還是有點不舒服。我們的菜餚、傳統歌舞的旋律、講話的發音，似乎不僅屬於我們，也屬於其他人。不知道這一點是我們的錯。我們心目中的英雄其實是普通人，全世界還有數百萬人和他們一樣；我們的語言是從其他不知多少地方七拼八湊來的。我們之所以存在，不是靠自己努力，而是出於他人的憐憫，例如更強大的敵人決定放我們一馬。對他們來說，勝利就是讓無數個小國家長得和他們一樣，統統彼此相似，卻又以為自己與眾不同。

不論差別再大的經驗、相隔再遠的人群，范德伯格都能找到相似處或共同點，讓我們明白阿爾巴尼亞的餡餅嚐起來和不辣的印度咖哩餃沒有兩樣，杜勒斯和波哥大的垃圾場看起來也很像。他的這項本領有時會讓我想起諾拉老師。儘管兩人談話內容完全不同，卻都喜歡綜合歸納，很能從細節抽象出整體，在不同情境之間做比較，藉此呈現更寬闊的世界觀，展現他們對全局的認識。諾拉老師曾經解釋，除非所有人像我們一樣獲得解放，否則他們都會受資本主義剝削。所有人都身在全球反帝國主義的鬥爭裡。她告訴我們，壓迫不論到哪裡都是一個模樣。

范德伯格不接受資本主義，至少他不認為資本主義適合用來指稱任何歷史發展。資本主義不過是標示現象的有用標籤，就像指稱他去過的那些地方的確切地名一樣。他只接受兩種區別，就是轉型中和轉型後的社會，以及移動中和過去移動過的人。當然，他也隱約懷有某種目的，但追趕比闡明前進方向更重要。范德伯格和我的小學老師諾拉不同。諾拉老師堅持一定要發起全球無產階級鬥爭，但范德伯格不是為了發起反抗而來，而是為了「促進透明」「捍衛人權」與「打擊貪腐」。他背後的變革推手（agent of change）不同，是「國際社會」和「公民社會裡的行動者」，意圖也不一樣。

十八、結構改革

「你知道我從小到大做過最困難的事是什麼嗎？」十一月一個風大的早晨，上班前的爸爸這麼問。他站在客廳緊閉的窗簾前，一邊攪拌咖啡，一邊聽著窗框被風吹得嘎嘎作響。

「是你必須騙我，我們家和前總理烏琵沒關係嗎？」我問：「那一定很難。」

爸爸搖搖頭。

「等一下，我知道了，」我說：「你還記得我吵著要在書架上擺一張霍查的照片嗎？你跟我說我們需要一個好相框，而且得等一個好時機。我差點就相信了，」我呵呵笑著說。

社會主義垮台五年後，我們當時的生活點滴已經成了家裡茶餘飯後拿來說笑的話題。不論回憶荒謬、好笑或痛苦，甚至三者都有，統統無所謂了。我們會在吃飯時拿來取笑，就像船難歸來的水手，醉醺醺又興高采烈地秀出身上傷疤給別人看。爸爸玩笑開得比誰都凶。他總是在開玩笑，搞得我們很難從語氣判斷他是認真發問，還是想逗我們笑。他在生命中的某個點體會到，諷刺不只是一種修辭手法，更是一種生存模式。他不僅常常用它，也很樂於見到我和弟弟模仿。

「還是我——」

「世界可不是永遠繞著妳轉的，小太陽，」爸爸直接打斷我，顯然和平常愛開玩笑的心情不一樣。

他最近剛升為港務局長，掌管我國規模最大、也是亞得里亞海沿岸屬一屬二的港口。我們家裡為此裝了一條電話線，而他每天早上第一件事就是打到港務局。他擔心暴風雨讓渡輪無法靠港，起重機被風吹垮，海關貨滿為患。爸爸接管普朗特斯兩年，從降低成本到減少債務都取得了實績，高層肯定覺得可以給他更大的責任。於是他拿到了更高的薪水，每天早上有司機開賓士車送他上班，晚上要吞下兩倍的煩寧（Valium）才能入眠。

我修正回答的語氣，繼續往下猜。是他六、七歲的時候，想保護媽媽不被警察踢嗎？或是因為全家被驅逐，他被迫拋棄心愛的狗？是他爸爸獲釋出獄，他頭一回見到他，心想這個陌生人怎麼會住進家裡嗎？還是懷疑他最好的朋友是間諜？

爸爸搖搖頭，仍然盯著手上那只小咖啡杯的杯底，彷彿那漆黑的液體可以洗去自己更黑暗的想法。

「是這個，」他說著緩緩拉開窗簾，只見院子裡出現二、三十個羅姆女人，有些背上背著兩三歲的小孩，有些坐在地上正在餵奶。大門外還有更多，個個將臉貼在鐵柵欄上，有如牢裡僵住不動的囚犯。她們一見到爸爸從窗簾後方露出臉來，立刻一陣騷動。所有人指著窗戶開始大喊：「他在那裡！他在那裡！他起床了！他就要出門了！」

爸爸拉上窗簾，坐到沙發上，伸手拿起氣喘吸入器深深吸了幾口。多年使用抗組織胺藥物對付從小罹患的氣喘，讓他雙手經常顫抖，但這會兒他手抖得更厲害了。

「她們都是在碼頭工作的，」爸爸沉默片刻，接著說：「妳知道我們叫她們什麼嗎？結構改革。」

他表情扭曲，強忍心裡的難受，有如即將上台、手指卻被更衣室門卡住的演員。從他擔任港務局長的那一天起，就不停和范德伯格等專家協商，討論世界銀行稱作「結構改革」的各項措施。港口和其他國營事業一樣入不敷出，必須降低成本。這回沒人保證不會裁員。專家畫了所謂的「路線圖（road map）」，首先是一系列解僱行動，以低技術工人為主，包括數百名在碼頭工作的羅姆人，如裝卸工、清潔人員、貨運工和倉管等等。所有開除工作都由爸爸負責。

這些碼頭工人得知即將失業，便開始每天清早守在我家外頭，耐心等候我爸爸出門。起初只有四、五人，但隨著結構改革的消息傳了出去，人開始愈聚愈多。他們會在院子裡等，直到我爸爸走出門外，然後朝他大喊，希望他重新考慮。「老闆早。老闆，你是大好人，別這樣做，別聽那些小偷的話。」「老闆？是因為喝酒的關係嗎？是嗎？如果是，我明天就可以戒酒。明天就戒。如果你覺得有必要，我也可以戒菸。反正現在誰買得起茴香酒？我已經少喝很多了，老闆，真的少喝很多，不騙你。」「老闆，我再兩年就退休了，兩年而已。我十三歲就在碼頭工作了。」「老闆，我從來沒偷過東西。你知道，他們都說吉普賽人是小偷。可能有人跟你說，我會偷倉庫裡的東西。老闆，我一毛錢也沒偷。」「讓我繼續工作。我很喜歡我的工作。雖然辛苦，但我喜歡。港口裡所有人我都認識。碼頭就像我家，我吃在那裡、睡在那裡，做什麼事都在那裡。我每天回家，小孩都睡了。」

「我不曉得怎麼出門，」那天早上，爸爸對我說。「每天的人都比前一天多。昨天我又和他們在局裡開了一次會。我每天都在開會。先是世界銀行，然後是他們，接下來又是世界銀行。妳看那些人，他們站在那裡，以為決定權在我身上，以為我能做些什麼。我不曉得怎麼對他們說。規定改了，事情不一樣了，經營方式也變了。港口有些部分必須私有化。這件事必須有人來做，只是正巧落在我頭上。就算不是我，也會有別人。不論是誰都無關緊要，就是得有人來做。」

「為什麼是你，」我問道。

「我們沒辦法繼續僱用他們所有人，」爸爸說：「范德伯格說我們需要現代化，需要把錢省下來，買新設備。他說話的語氣，好像換掉他們就跟換掉機器一樣。就像丟掉舊機器，買台速度更快的。啪！就這麼簡單。我不曉得該怎麼做。我不是機器。但我真希望自己是機器，有人替我輸入程式，我就能做了。范德伯格說他們在玻利維亞就是這樣做的。我沒去過玻利維亞，那些人連玻利維亞在哪裡都不知道。他那樣說到底什麼意思？他們在玻利維亞就是這樣做的，那又怎樣？妳瞧那些人。他們是人，不是機器。他們眼睛裡有淚水，眉毛上有汗滴。如果還有希望這種東西，他們也該分到一份才對。妳自己到窗邊看。結構改革，那些人就叫結構改革。」

爸爸焦慮地從架上取下雨衣，開門出去，將門重重甩上。我聽他的話乖乖回到窗邊，打開窗戶豎起耳朵。爸爸走到院子裡，所有人依然默不出聲，緊接著鐵門打開，門口出現一個男人，只有五歲小孩那麼高，雙手著地向前爬行，其膝截肢的兩腿有如魚尾巴左右擺盪。我站在窗邊認出那是齊古，我小時候經常看見他在墓園入口乞討的那個羅姆瘸子。

齊古笑著揮手，彷彿見到老友一般。我從來沒發覺他不僅沒有雙腿，也沒有門牙。我從來沒見過他笑。他的笑容很扭曲，簡直像是鬼臉。

「老闆，你還記得我吧！」齊古喊道：「我跟他們說，你絕不會狠心那樣做。你從來沒有哪一次見到我，不施捨給我一點東西的。雖然有時多、有時少，但總是會給我一點東西。我跟他們說，你和我們是一國的。我知道你不會讓他們失望。這世界沒有多少人喜歡吉普賽人，喜歡瘸子，但你是一個。我知道你是。你從來不忘分麵包給我。你不會讓這些孩子挨餓的。我跟他們說你絕對不會，說你是大好人。」

爸爸回頭望著窗戶，和我四目交會。**齊古瘸了不是他的錯**，我小時候他常告訴我。而他臉上現在寫著，**這一切不是我的錯**。他手伸進褲子右口袋，彷彿在找零錢，但這回沒有摸到銅板，只是掏出手帕擦了擦臉。齊古看見我爸爸，立刻朝他腳邊爬去。「他哭了，」齊古轉頭對其他人說：「你們看，他哭了。」他用手指指著我爸爸說：「老闆，我們跟他們說了。我說你絕對會盡力。」「老闆，我們知道你是大好人，」其他人隨即附和道：「別聽他們的，別開除我們。他們只是想替自己賺錢。你不想賺錢，想把錢分給窮人，不想自己留著。」兩名正在哺乳的女人跪在爸爸腳邊，啜泣求他保住她們先生的工作。懷裡的小孩見到媽媽落淚，也跟著哭了起來。這不是抗議，更像是哀悼。沒有憤怒，只有絕望。

「別在這裡，拜託，別在這裡，」爸爸用快死的語氣對齊古說：「這裡是我家，我們可以到局裡談。要是我……要是……錢不是我的。我會讓大家繼續工作，重點不是我，我不是做決定的人。我是說……的確，決定是我做的，但決定不……呃，不屬於我。」爸爸發現自己在胡言亂語，便試著理清思緒。「我跟你們說，」他轉頭面向院子裡的眾人：「這件事跟給齊古錢不一樣。這是兩回事。我們被下了**最後同牒**，你們懂嗎？各位要明白，事情是有規矩的。我們必須推動市場經濟，因此得照著某條路走。只要走得穩，所有人都會有好處，我們每個人都有。這就叫結構改革。所有事情都必須改變，包括我們做事的方式。我們沒辦法讓所有人留下來，不可能。但很快所有人都會有工作，結果會更好。只是我們現在別無選擇，我們必須做出犧牲，不得不做，非做不可。」

爸爸答應長官會裁員，但始終沒有做到。他一個人也沒有開除。他嘴裡不斷強調結構改革勢在必行，卻想方設法盡量拖延。「這件事和政治有關，」他說：「這是個政治決定，但我只是行政官僚。我沒辦法阻止，只能拖延。」他時常熬夜盯著數字和圖表，希望找出無須裁員又能降低成本的方法。爸爸心裡有一部分覺得很難堪，甚至丟臉，竟然沒有勇氣達成長官給他的任務。他這輩子在工作上始終勤勤懇懇。奶奶教育她所有兒女，就算工作再沒意義，也要全力而為；就算原因不是我們所決定，也要永遠承擔後果。爸爸無法面對自己做不到。「很快，就快了，」他總是這樣說。

他和副部長開會，接著又和部長、總理開會。他們統統重提范德伯格的警告。「結構改革就像看牙醫，你可以拖，但愈拖只會愈痛。」但我爸爸根本不想當牙醫。他希望自己不是現在這樣，卻始終沒有機會發現自己想成為什麼。爸爸心裡始終是個異議分子。他不認同資本主義，也不相信自己奉命施行的規矩。他也不怎麼相信社會主義。爸爸厭惡所有形式的權威，現在卻成為權威的化身，讓他對自己的角色深惡痛絕。爸爸既不支持結構改革，也不想阻止。他討厭搞垮別人的生活，又不想將髒活推給其他人。

爸爸起初很自豪能升遷。仰賴長官好意多年，並靠著黨幹部施捨一輩子之後，他非常珍惜新職位給予他的獨立。但爸爸很快就發現獨立有其限度，他並不如自己想像的自由。他想改變，卻發現改變的空間很小。世界早在眾人還沒搞清楚它是扁是圓之前就已經定形了，道德誡命與個人信念的影響微乎其微。爸爸發現，雖然沒有人命令他該說什麼或去哪裡，但在他還沒來得及想清楚、權衡利弊得失之前，就得說些什麼或去到哪裡。過去面對兩難抉擇，而他無法信守承諾時，還可以怪制度。但現在不一樣了，因為制度變了。爸爸並未嘗試阻止改變發生，而是歡迎改變、鼓勵改變。

或者並非如此。爸爸和他那個世代的許多人一樣，都認為只要有人說我們該想什麼、該做什麼或該去哪裡，我們就不再自由。但他很快就發現，強迫並非總是如此直接。社會主義讓他沒有機會成為自己想成為的人，無法從錯誤中學習，自己探索這個世界。資本主義則是讓其他人，那些仰他鼻息、在港口工作的人沒有這個機會。階級鬥爭並未結束，他多少明白這一點。他不希望團結互助在這個世界繼續被毀滅，只剩適者生存，一個人有所成就必須以其他人希望破滅為代價。他和我媽媽不一樣。我媽媽認為人類天生就會互相傷害，他則相信人人心中都有善的種子，只是因為生錯了社會，種子才無法萌芽。

但爸爸說不出怎樣才是對的社會。他找不到現在世界上哪個地方可以當成榜樣，也不信任大理論。「別講大道理，」爸爸常常這樣告誡我。他從小看社會主義寫實小說和蘇聯電影長大。片中總是闡述是與非、正義如何產生及自由如何實現。爸爸敬佩電影的用意，卻不怎麼認同它們開出的解方。他希望見到的世界始終和他生活的世界不同。每當他察覺某個反對運動才剛起步，總是對它滿懷希望。但只要運動踩穩步伐，出現領袖、限制與規範，不再是為了反對某些東西而存在，他就會失去信心。爸爸知道凡事都有代價，但他不準備接受代價。他欽佩的是虛無主義者和反抗者。那些人一輩子都在譴責自己所居住的世界，卻不支持任何替代方案。

同樣面對結構改革的抉擇，爸爸的同事總是冷嘲熱諷。「哎呀，」他們常說：「我們捱過了土耳其人，捱過了法西斯分子和納粹，捱過了蘇聯和中國人，怎麼會捱不過世界銀行？」爸爸很怕自己忘了捱過來的代價。如今他安全了，家人們也不再有喪命、入獄或被驅逐的危險，他怕自己很快就再也想不起每天早上醒來，惶惶不知今日會發生什麼的那種感覺。他試著回想在港口工作的所有人的名字，即使總共有數百位。「我要是忘記他們的名字，就會忘記他們的人生，」他說：「他們就不再是人，而是數字。他們的期望與恐懼就不再重要。我們只會記得規則，忘了承受規則的人；只會想著命令，而忘了命令的目的。或許這就是騾子告發學生家長時心裡的想法，就是哈奇伸手去拿刑具時對自己說的話。」

只要想到自己變得和他們一樣，抽象冷血奉行規則，就足以讓我爸爸整晚失眠。他不認同范德伯格的想法，只要轉型完成一切就會好轉。他知道需要市場經濟之類的東西，卻不曾深入思考它會以什麼形式出現。和他那個世代的許多人一樣，爸爸更在乎思想自由、抗議的權利和遵照個人良知生活的可能性。

就算他相信了，也接受大家如今都接受的真理，他仍然會擔心自己相信過了頭。爸爸見過太多把理論擺第一的人了。他知道人有可能出於善意而傷害他人。如今理想的面目變了，甚至稱之為理想都嫌誇大，頂多是謹慎的處方。但處方仍然需要有人做才會起作用。

爸爸過去是無辜之人，是受害者，怎麼突然就變成了加害者？

十九、別哭

一九九〇年代中，我也過得很煎熬。我的青少年歲月大多苦多於樂，家人卻覺得我是無病呻吟，讓我感覺更加悲慘。他們似乎認為只有客觀條件惡劣，你才有資格感到悲慘，例如可能餓死或凍死、沒地方睡覺或生活在暴力的威脅之下。這些是最低標準。只要高於這個門檻，你就喪失了抗議的權利，不然就等於侮辱了那些更不幸的人。這有點像社會主義下的食物券。既然人人都分配到食物，飢餓就不可能存在。只要你說餓，就是與人民為敵。

他們說我應該懂得感恩，對自由的到來表達感激。這份幸福來得太晚，我爸爸媽媽來不及享受，因此我應該用更負責的態度行使我的自由。每當我無視他們的不幸，他們就會責備我太自私，不知同情前人的苦難，用輕率的言行抹煞他們經歷過的艱難。我感覺自己一點也不自由，尤其冬天更拘束。冬天天黑得早，只要太陽下山，他們就不准我出門。「妳會惹上麻煩，」爸爸媽媽總是這樣說，完全不覺得有必要解釋什麼麻煩。他們懶得說，我也懶得問。

麻煩可能有許多種，像是被車撞死。我同學狄里丹有天晚上經過海邊，就被一位偷開叔叔的奧迪（Audi）出來練車的年輕人給輾了過去。或者你也可能失蹤，就像貝莎的父親蘇克拉特。他瘸了條腿，靠小船謀生，每晚載人偷渡到義大利，然後回家睡覺，直到某天晚上他再也沒回來。除此之外，還有各式各樣的小意外，例如走在暗巷撞到故障的路燈、掉進人孔蓋被偷去賣錢的下水道口、被飢餓的流浪狗整路糾纏、被醉漢騷擾或被小伙子搭訕，只因為他們打賭女生會如何反應。對我爸爸媽媽來說，這些其實都不是問題。畢竟目前是轉型時期，我們必須有耐心，而且我們總是可以做點什麼，避免壞事發生，例如只要待在家裡就好。

於是我真的待在家裡。我把自己關在臥房，整個下午嗑葵花子。這種生活連用無聊來形容都算抬舉，明明沒什麼卻還是硬要用一個詞來形容。時間就是永恆回歸。我小時候參加的社團，包括詩歌、戲劇、合唱、數學、自然科學、音樂和下棋，統統在一九九〇年十二月戛然而止。學校裡，值得認真上的課只剩硬科學：物理、化學、數學。至於人文科，不是課程更動，從辯證唯物論變成市場經濟，而且沒有課本，就是和歷史或地理課一樣，繼續宣稱我們國家是「全球反帝國主義鬥爭的燈塔」。我很快就寫完功課，開始納悶如何打發剩下的時間。家裡現在有電話，因此我會打電話給朋友，然後躺在床上讀小說，頭頂上方點根蠟燭，縮在毯子裡瑟瑟發抖。停電還是經常發生。有不少個冬天夜晚，寒冷比心裡的鬱悶還難熬。

每隔四十五分鐘，奶奶就會不敲門進來，手裡拿著一杯牛奶或水果。「妳還好嗎？」她會問我，我會點點頭。她聽說西方有一種新疾病，叫厭食症，患者都是年輕女孩。她不曉得那種病的傳染機制，也不清楚病因，但覺得只要按時逼我吃東西，就不會出問題。我問她可不可以嗑葵花子就好，不要吃她送來的點心，奶奶要我把殼給她看。之後間隔就從四十五分鐘變成九十分鐘。「我們很好命，」離開房間時，她總會無來由冒出這一句。我猜她是指牛奶，因為我們再也不用排隊就能買到了。

我們周遭開始出現酒吧和夜店，老闆大多是人口販子、毒販或性販運者。這些人全被當成正當職業，就像從前提到某人是合作社員工、工廠工人、公車司機或醫院護士一樣。通常只是同一群人換上另一個時代的標籤。「那個傢伙，坐在車窗貼黑的寶馬（BMW）轎車裡的那個男的，那是哈菲茲的兒子，」左鄰右舍會端著咖啡在陽台邊喝邊聊。「他之前是做餅乾的，工廠結束前被裁員，於是就去了瑞士。他現在做進出口生意，買賣大麻、古柯鹼之類的。」

我只有參加白天的派對才准去夜店。我們會把窗簾拉上，假裝是半夜，分享偷帶進來的菸和潘趣酒，和同齡朋友玩一種叫做轉瓶子的遊戲。這個遊戲剛從國外傳進來。我也有玩，只是得假裝沒看見瓶子轉向我時，男孩們扭曲的表情，假裝沒聽見輪我親吻他們臉頰時，那些男孩的哀號。「我不親男人！」他們會這樣說：「我不是同性戀！」

我那時還不曉得什麼是同性戀、誰是同性戀，但不敢開口問。我外表顯然很像男生，這點沒有疑問。學校不再規定要穿制服，我們想穿什麼就穿什麼。其他女孩開始把化妝品偷偷帶進學校廁所，裙子愈改愈短，我則是改穿垮褲和爸爸的社會主義格子襯衫。她們把頭髮燙直染金，我則是要理髮師剪短。她們反抗家人的方法是模仿《物質女孩（*Material Girl*）》的瑪丹娜，我反抗緞帶與蕾絲的方法是把自己變成文化大革命海報上的女孩。我在家裡的小名從小赤軍旅變成加夫洛許，在學校的綽號從馬穆阿策爾變成花瓶，因為阿爾巴尼亞文的花瓶（qypi）讀音是丘比，和我的姓氏「烏琵」押韻，而且是因為我穿的衣服，而不是體型，因為我身材還是一樣瘦弱。

我時常在想，要是艾隆娜還在，事情會有什麼不同。我有時會見到她爸爸帶著第二任妻子和新生的小孩，看見他假裝不認識我。也許艾隆娜也開始化濃妝、貼假指甲、穿迷你裙，甚至把原本的金髮染得更金。也許家裡准她天黑以後出門。也許她最近剛讀到《罪與罰》和《卡拉馬助夫兄弟們》。

一九九六年冬，我遇見了亞利安，就是和我住同一條街，帶著艾隆娜私奔的男孩。他已經是個年輕人了。他爸爸媽媽為了擴建自家房子，買下了隔壁的瑪西妲家；瑪西妲一家則是搬離我們這裡，在城裡另外一區租了一個比較小的住處。我和瑪西妲小時候見到亞利安，總是會躲進她家。這會兒見他就站在那棟房子門口，感覺很怪。他留著及肩長髮，脖子上一條非常粗的金項鍊，深色皮外套背上印著骷髏頭，皮褲和黑色厚皮靴上綴滿了銀鍊子。他開一台賓士大車，發動時聲音又大又吵，是他從義大利弄回來送給爸爸媽媽的。馬路上玩耍的小孩比從前少，但只要聽見那台車的聲音就會跑回屋裡，就像我們以前看到亞利安出現那樣。我沒見到艾隆娜，也不敢問。

我很想念我朋友。我想告訴她，之前在學校附近賣葵花子的老婆婆不見了，換成一個賣菸和香蕉的十歲可愛小男孩。我想跟她說，貨幣店關了，但到處都買得到她喜歡的紅胸罩，例如在二手市場用兩根香蕉或五杯葵花子的價錢就能買到。我想告訴她，現在連我也需要胸罩了，就像奶奶提醒這件事很快就會發生那樣，我們的身體和心理一樣都會改變。奶奶還用法文說，我們可能會開始發展親密友誼（des amitiés amoureuses）。我想問艾隆娜，她是不是搞清楚親密友誼是什麼了，她和亞利安是不是就是這種關係，還有她是不是聽過一種更原始、更寂寞、更痛苦、書上稱之為愛情的東西。

夏天雖然限制比較少，但生活一樣鬱悶。一九九五年六月學期結束，我們家照例去了海邊一週。我早上到海邊，中午回家吃飯，下午睡個午覺，傍晚固定沿著海灘走路去找朋友，聽大夥兒聊是非，炫耀夏天新買的洋裝。度假回來後，慘案就發生了。奶奶曾經警告我，有一種男孩我不論如何都不能愛上，那就是前特工的小孩。結果那年夏天我不僅犯規了，還犯了兩次。我心裡的罪惡感實在太強，便決定多去清真寺。我想戴面紗，但家裡也不准我戴。妮妮說，信仰和宗教狂熱是不一樣的東西。由於愈來愈多女孩會戴面紗去清真寺，而我不想跟別人不同，於是便決定換個信仰，改信佛教。我之前沒有書可讀，曾經拿爺爺那本舊的拉魯斯（Larousse）法語詞典來翻，就這樣認識了佛教。我將冥想放進每天要做的事情裡，但沒有一次冥想沒有哭。我忘不了家人遭受西古力米迫害的過往，但這件事非但沒有讓我不愛他們的兒子，反而愛得更無法自拔。

「我們家的小太陽變成少女維特了，」爸爸不管我為何而哭，照樣取笑道。「不要哭，」妮妮責備我。「哭對誰都沒有幫助。我要是想過掉眼淚，就不會活到現在，早就去臥軌或和親戚一樣住進瘋人院了。去找點事情做。讀書、學語言，做什麼都好。」

於是我加入了紅十字會，並被派到孤兒院幫忙，每天早上帶小孩到海邊，和其他保姆一起看小孩玩沙踩水，注意他們安全。「這樣妳才會明白自己的處境，」奶奶鼓勵我：「否則妳都不曉得自己多幸運。這世界有許多苦難。」

「記得，」我到紅十字會當志工的第一天，媽媽這樣告誡我：「孤兒院不在原本的地方，那棟房子已經物歸原主了。」

我媽媽口中的「原主」，指的是**原本的**主人。在她眼中，國家從來不是任何東西的主人，而是暴力挪用他人辛勤成果的犯罪實體。我記得那些屋主的姓氏。他們都出現在媽媽胡亂放在地板上的家族地界圖裡。「這些圖把家裡搞得一團亂，」奶奶打掃時常抱怨：「害查菲氣喘得更厲害，因為他對灰塵過敏。我已經告訴多麗一百次了，一百次。她從地政事務所把圖拿回來，擺得滿地都是。妳想拿這些圖上法院，當然沒問題，但那些土地生不出什麼來的，它們只是畫在紙上的線條而已。」

然而，孤兒院並不只是紙上的線條。原本的屋主成功從國家手裡要回了這棟房子，再賣給類似教會的機構。孤兒院則是搬新家，進駐一棟廢棄二樓建築的三個房間。房裡幾乎沒有自然光，還飄著明顯的奶餿味，午休時間總是靜得不自然，只有老鼠在一樓地板啃東西的聲音會打破死寂。那些年被棄養的小孩愈來愈多，從新生兒到學齡前兒童都有，大多來自這一帶。這些孩子如果六歲還沒人領養，要是家長願意領回就交還給家長，不然就是送去北部收留年長孩童的孤兒院。

我之前和艾隆娜造訪孤兒院時遇到的保姆，有許多不是被裁員就是移民了。我只認得其中一位，艾絲帕西亞（Teta Aspasia）。她是個活潑的中年婦人，之前掌管嬰兒室。我和艾隆娜去看她妹妹時，她曾經請我們喝糖水。「妳長大了！」她興奮喊道：「米米寶（Baby Mimi）也長很大了。她現在去了北部一家孤兒院，在斯庫台（Shkodra）。她爸爸從來沒出現，只有爺爺奶奶不時來看她。他們原本同意讓一對加拿大夫妻領養米米寶，但那對夫妻最後決定領養一對吉普賽雙胞胎。妳還記得嬰兒室那對吉普賽寶寶嗎？爸爸媽媽坐牢的那個？那對父母一九九〇年特赦出獄，可是馬上就被控販賣兒女又被關了回去。那兩個寶寶原本毫無機會，吉普賽寶寶很難有人領養，沒有人想要。大家都說『拜託，千萬不要吉普賽寶寶。他們很不聽話，還會偷東西』。其中一個雙胞胎還是殘障寶寶，智能有缺陷，確切的病名我不記得了。殘障寶寶更難有人領養。那對加拿大夫妻原本來看米米，但院方問他們願不願意領養那對雙胞胎。我們問了所有人，都沒有人願意領養他們，沒想到那對加拿大夫妻竟然同意了。他們可能有信仰。主任以為米米很快會有人領養，結果到現在還在斯庫台。妳朋友，就是她姊姊，之前也會寫信——」

「妳說艾隆娜？」我興奮問道：「妳知道她在哪裡？在做什麼嗎？」

「我們已經一陣子沒有她的消息了，」艾絲帕西亞回答：「信現在要好久才寄到，如果有寄到的話。她打過兩三次電話。對，我知道她在做什麼。我們有一位保姆現在住在米蘭，她在火車站附近見過她。她有工作，在街頭，妳知道我的意思。她是**移民潮**那時走的，跟這裡的某個男孩。那個男孩也有工作，算是走私人口，我想應該是女人，妳朋友說不定是第一個……妳得走了，甜心，紅十字會的車在樓下等了。那輛車跟新的一樣，是法國人捐的。小朋友都很興奮。他們從來沒有見過海，也很少曬太陽，真可憐。我們這棟樓沒有庭院。妳得小心別讓他們曬傷了。我從家裡拿了一些橄欖油來。不要馬上讓他們脫衣服，最好等個兩天。來，妳帶伊利爾去，他準備好了。德莉塔會跟妳一起，」她指了指她同事接著說：「伊利爾是上午班，妳會喜歡他的，他很可愛。他媽媽跟妳朋友很像，長得也有點像，她也在做同樣的工作。伊利爾過來，這是蕾雅，她會帶你去海邊。」

我還在消化艾隆娜的消息，但沒時間追問。伊利爾躲在門外，聽見有人喊自己名字便走了進來，起初很害羞，接著稍微大膽起來。他是個胖呼呼的兩歲小孩，有著一頭鬈髮和棕色的大眼睛。「媽媽，」他嘴裡喃喃說著，一邊走上前來，彷彿想讓我踏進他最深的祕密。他臉龐發亮，瞳孔放大。「媽媽，這裡……媽媽——」

「不對，不是媽媽，」艾絲帕西亞打斷他。「她不是媽媽，小寶貝。媽媽還在希臘。這是蕾雅。她會帶你去海邊。」接著她轉頭對我說：「我很驚訝他還記得他媽媽。他只有去年見過她。那時她每天來，來了一週左右。但她後來有寄照片，我們有給他看。妳長得並不像她，可能年齡相近吧。妳幾歲？再跟我說一次。十五，對，跟我想的一樣。他媽媽年紀大一點，可能十七歲，和妳朋友同齡，跟艾隆娜一樣。但她在希臘工作，不是義大利。」

後來，就在同一天，我從其他保姆那裡得知了伊利爾母親的完整故事，因為她之前曾經對他們講過。她先被男友強暴，然後被男友的朋友們強暴。她堅持生下寶寶，產後不久就被人口販子送去了希臘。她將伊利爾放在孤兒院台階底端，當時他大概三週大，全身用毛毯裹著，旁邊是一盒衣服、幾瓶牛奶和一封信，信中她保證伊利爾六歲時會來接他。她經常來信和來電，並寄錢讓孤兒院買禮物給她兒子。保姆都相信她會回來，因此並未將伊利爾列進領養名單，伊利爾也知道媽媽有一天會回來接他。他看到我的時候，肯定覺得那一天終於到了。

「伊利爾去媽媽，」他繼續說著：「伊利爾去媽媽海邊。」

「她不是媽媽，小寶貝。你要跟蕾雅去海邊。這是蕾雅，不是媽媽。媽媽在希臘，她很快就會回來了，」艾絲帕西亞再次糾正他，接著轉頭對我說：「妳一定要堅持這一點，說妳不是他媽媽，懂嗎，說妳跟我們一樣是保姆。這些孩子有時會這樣，會喊我們媽媽，我們必須很嚴格，否則他們就會黏著妳，不讓妳下班回家，很難處理。妳要設法跟他說清楚，了解嗎？跟他說媽媽在希臘，她有給我們錢，讓我們在他生日和新年時買玩具給他。他聽得懂這些。」

但伊利爾根本聽不懂，或者完全不接受。自從我去了幾次孤兒院，唸故事給他聽或帶他去海邊之後，他就更堅持了。「媽媽這裡！」他只要見到我就會大喊：「去媽媽海邊！」等我要離開了，他就會抱著我的腿或躺在地板上踢保姆，一定要我留下或帶他走。「帶伊利爾回家，」他會哭著說：「媽媽帶伊利爾。」只要我在，他就變得愈來愈難帶，不是在海邊玩水拒絕上岸，就是不肯吃飯或午睡。每當我要離開，就會發現我的袋子或涼鞋不見了。這可能是兩三歲小孩的正常行為，只是孤兒院裡的嬰兒從來不哭，兩三歲小孩從來不鬧。保姆解釋問題出在我身上，出在伊利爾對我的依賴。他不是遇到壞事才會那樣，只要我人不在，他就沒事。他們要我少去幼兒室，改去另一區，那裡的小孩年紀小一點，比較不會記人。

後來夏天結束了，天氣變了，計畫經費也用完了，我不再去孤兒院服務。我不曉得伊利爾後來怎麼了，也不再有艾隆娜和她妹妹的任何消息。我有時會想，艾隆娜是否還在街頭，米米有沒有找到加拿大的養父母。我重新窩回臥房，奶奶繼續每九十分鐘就端著一杯牛奶或水果不敲門進來，離開前總是喃喃自語：「我們很好命。」

二十、跟歐洲一樣

起初計畫是由我媽媽競選一九九六年的國會議員。她是創黨黨員，認識黨內所有人，就連創黨宣言都是由她宣讀的。儘管此黨非彼黨，我媽媽參加的是阿爾巴尼亞民主黨，共產黨的主要選舉對手，我們還是用黨稱呼它，所有人也都懂我們在說什麼。我們家不可能支持前共產黨員。對我們來說，黨只有一個，就像他們心中黨也只有一個。

那時，我媽媽已經在政治圈活躍了五年之久。她支持黨的核心訴求，將數十年鬱積不得的期盼濃縮成一句簡單有力的口號：「讓阿爾巴尼亞跟歐洲一樣。」當被問到這句話是什麼意思，媽媽用短短幾個詞總結：打擊貪腐、推動自由貿易、尊重私有財、鼓勵個人自主，簡單說就是兩個字：自由。

然而，正如我媽媽很快意識到的，光會解釋口號還不夠，想成為合適的國會候選人還需要其他優點。她在演講台上充滿魅力，但開會很沒耐性。她擁有先知的真切，演講短時間內會讓人熱血沸騰，長時間下來卻令人害怕。她的投入與認真讓她拒絕妥協，她的一舉一動仍然像個嚴格的數學老師。

於是她提議改由我爸爸出馬競選。「他是男的，這有幫助，」她在推薦他時這樣說：「而且又和女人一樣受人喜歡，這也很有用。」基本上，我爸爸比我媽媽受歡迎得多。沒有幾個候選人像他這樣，既能吸引拚命想保住碼頭工作的羅姆工人，也能拉攏致力討回前人財產的異議者家人。即便在社會黨對手心目中，我爸爸也有好名聲，因為他從來不在辯論中途打斷他們，而且努力不從個人批判的角度提出自己的主張。「不過，該動手的時候他還是會動手，」媽媽趕忙補充道，彷彿忽然想到爸爸太溫和，可能會對他不利。「他可以打擊貪腐。貪腐問題太嚴重了，我們需要誠實的政治家。」

貪腐是新的流行詞。它包山包海，能用來解釋各式各樣的惡行。不論過去或現在、個人或政治、個體或制度的問題，統統都因為貪腐。貪腐是經濟自由化與政治改革的共同起點，結果卻未如某些人所保證的那樣順利匯合，而是開始腐化。社會主義嘗試改造失敗之後，有人說是因為道德淪喪，有人說是濫用職權，更多人認為是人性的缺陷。此外，打擊貪腐真的很難。它就像九頭蛇怪海德拉（Hydra），砍掉一個頭就會生出兩個來。貪腐自有一套運作邏輯，但從來沒有人試著破解，遑論挑戰它的前提。這個詞本身就足以說明問題。

起初，我爸爸沒什麼參選意願。他一直沒有入黨，同時擔心自己的主張太過籠統，甚至有爭議。他不確定私有化和自由市場是好事，也不確定該不該加入北大西洋公約組織，甚至不確定貪腐是國家的頭號問題。他不曉得自己的看法屬於哪裡，是左派還是右派。他覺得自己在社會正義方面是「左派」，自由方面是「右派」。

媽媽糾正他的看法。她說前共黨國家沒有左派或右派，只有「懷念共產主義派」和「期盼自由主義派」。爸爸雖然不完全屬於期盼自由主義派，不過確實對於官僚生活感到失望。他每天從港口回來，心情愈來愈焦慮、愈來愈忿恨，開口閉口不是哪些努力走歪了，就是哪些文件不該簽卻簽了。就像我媽媽做的那樣，要說服我爸爸並不難：如果他真的在意，想抑惡揚善，就不該袖手不管。他應該採取行動，而採取行動就代表參與政治。媽媽說，政治很重要，因為人不該只是執行別人的決定，更要自己做決定。這就是民主的真諦。

然而，沒有任何政黨能阻止結構改革，因為結構改革本質上和另一個過程密不可分。這個過程如今有個自我感覺良好的名稱，就叫做「融入歐洲大家庭」。在我們國家，過去曾有某些時空，政治是會帶來改變的；身為運動分子而非官僚，意味著你可以在立法層面嘗試改變規則，而不是施行層面。但現在並非那樣的時空。結構改革就像天氣一樣絕對。不論哪裡進行結構改革都只有一種方式，因為過去已經失敗，而我們並未學會如何塑造未來。這其中不再有政治，只有政策。而政策的目的就是讓國家做好準備，迎接新的自由時代，讓人民感覺自己「跟歐洲一樣」。

那些年，「跟歐洲一樣」不僅是競選口號，更代表某種生活方式。許多人只知道模仿而非理解，只知道接受而非檢視。歐洲就像一條長長的隧道，出口光線燦爛，還有閃光標誌，隧道內卻是漆黑一片，起初什麼也看不見。大夥兒就這樣開始往前，沒有人想到要問哪裡才是盡頭、光線會不會消失、出口有些什麼，也沒有人想到要帶手電筒或畫地圖，或是問有沒有人出去過、出口只有一個還是不只一個、其他人是不是都走這條路。我們只是乖乖向前，希望隧道盡頭的光不會消失，同時抱定我們只要夠努力、等得夠久，就像從前排隊那樣不在乎時間，也不失去希望，就能走到盡頭。

五月一個和煦的午後，我們去造訪穆拉，想知道這位伊瑪目在即將到來的選舉會不會支持我爸爸。「跟歐洲一樣，」他複誦道。「當然，我們當然會支持你，查菲。」他說：「但你需要錢，沒有錢就做不了事。」

穆拉家將房子賣給亞利安的爸媽後，就搬離我們這一區，在墓園附近租了間小公寓。那裡空間很小，家具堆在一起，跟路障一樣。我認得那面印著花與蝴蝶的綠色聚酯纖維窗簾。書架沒有了，因為要騰出地方擺彩色電視。地板上凌亂擺著不同語言的古蘭經，還有幾雙用報紙包著的鞋，因為穆拉有空還是會幫人修鞋。

「我前兩天看了貝魯斯柯尼的專訪，」他接著說：「你應該認識。真是好傢伙，身材健美得很，看上去只有二十幾歲，臉上永遠掛著笑。我看了專訪，聽他描述自己的人生經歷。他從建築業起家，後來在船上演奏音樂，然後買了一個電視頻道。人需要多多嘗試，否則永遠不會知道什麼合適。這是他本人說的。他是生意人，現在讓別人替他照顧生意，因為他要從政。他知道怎麼賺錢，就知道怎麼勝選。當然，他敵人很多。很多人眼紅，人就是這樣。但他可以完全不理他們，因為他自己有電視台，也有報紙。想贏得選舉就需要錢。人永遠需要錢。你自己沒錢，就沒錢給其他人。你的錢呢？」

「在我老爸的外套口袋裡，」我爸爸打趣道。

穆拉呵呵笑了。

「你會需要很多錢的，查菲，非常多，」他接著說：「我知道選舉是怎麼回事。我在捐錢給清真寺的阿拉伯人那裡見識過。」他停下來點了根菸，然後說：「芙圖拉的工廠關閉時——」他朝妻子的方向看了一眼。「我心想，怎麼辦？我們都會餓死。我接著想到，阿拉是仁慈的（Allah Qerim）。但你要幫自己，阿拉才會幫你。結果很幸運，情況好轉了。公司又開張了。你知道我意思，公司——」

「穆拉叔叔（Xhaxhi），」我插嘴道：「你每天早上和下午在尖塔上唱阿拉花瓜是真的唱，還是錄音的？我們在學校打賭，有人說你每天唱，我說是錄音的。」

「是錄音的，小太陽，」穆拉回答：「是錄音。妳現在欠我一萬列克了。」他朝我眨了眨眼睛，接著再次轉頭一本正經看著我爸爸。「蘇德（Sude）、波普利（Populli）、維發（Vefa）、坎貝利（Kamberi），這些公司，你得投錢進去，才能拿更多錢回來。我們沒錢可投，所以還能怎麼辦？只能想辦法離開國家。我們上了發羅拉號，還記得吧？但去了一趟義大利，只換了幾個瘀青回來。於是我們決定把房子賣了。小孩離開從小住的街區都很難過。我們也很難過，因為鄰居都很好，而且房子是我親手蓋的，靠的就是幫你們做鞋的這雙手。」他頓了一下，彷彿捧著鞋子似的舉起雙手。

「但人生必須有所犧牲。我們鄰居巴奇一家付現買了我們的房子。那筆錢，我們想怎麼用就能怎麼用。我們可以把它花了，或者……」他沉吟片刻。「那個詞叫什麼？投資。我們拿去投資，一個子也不留。你覺得歐洲其他地方是怎麼用錢的？他們拿去投資，投資才能錢滾錢。」

爸爸陷入沉思，臉上隱約露出愧疚的神情。我們最近才在家裡討論過這些新公司。蘇德、凱貝利、波普利、維發都是新名字，統統保證存款享有高利率。在全盛時期，全國有三分之二以上的人口都參與了投資，總值高達國內生產毛額的一半。這幾家公司，有些還蓋了旅館、餐廳、俱樂部及購物中心，但我家卻很猶豫，遲遲沒有將家裡的錢存進去。

穆拉吐了口煙，將夾在指間的菸摁熄，然後又點了一根。

「查菲，你聽我說，」他一臉嚴肅地說：「你不能把所有積蓄都擺在外套口袋裡頭。時代變了，你得把錢拿去投資，跟歐洲一樣。你還在等什麼？我們之前把積蓄都存在坎貝利，但他們月利只有百分之十，所以我們就轉到波普利，月利百分之三十。後來我們又聽說了蘇德，他們每個月都讓我們的存款翻倍，賺得更多。當然，我們沒有全提出來，而是繼續存著滾錢，跟歐洲一樣。你必須存錢和投資，先存錢、再投資，這樣才會錢滾錢。」

爸爸點頭微笑。每回談到這些公司，我爸媽總是會吵架。媽媽說我們應該放棄外套，把錢存到那些公司裡，但爸爸和奶奶始終很抗拒。「我不懂為什麼把十萬列克放進一家公司，每兩個月就能加倍，聽起來跟賭博沒有兩樣。」

「我們可以先存一小筆錢試試，」媽媽回答：「看結果如何。我們可以慢慢來，我沒有說我們應該賣掉房子之類的。」

「但他們的錢從哪裡來？」爸爸依然堅持。「他們沒有工廠，也沒有生產任何東西。」

「你沒概念不代表一定有問題，」媽媽反駁道：「那些公司也在投資。他們有餐廳、旅館和俱樂部，錢就這樣在流通。很多人會從義大利、從希臘寄錢回來，很多移民會寄錢幫助自己的爸爸媽媽。這些錢大部分是正當工作賺來的。錢就是這樣來的。他們把錢寄給爸爸媽媽，他們的爸爸媽媽把錢存進公司，公司將錢保管好，拿去投資，賺的錢拿來付利息。假如你需要錢，需要買什麼東西，他們就能給你或借你錢。這又不是核子科學，你都讀完大學了，有什麼難懂的？」

「我不懂的是，」妮妮插嘴道：「萬一所有人同時想把錢拿回去，到時會怎樣？那些公司怎麼付錢給所有人？」結果這句話讓我媽媽聽了特別光火。「為什麼所有人會同時想把錢拿回去？」她反問道：「為什麼他們會想把錢全領回來？他們又不可能一口氣把錢花掉。妳為什麼寧可把錢藏在床墊底下，也不肯放進公司？」

「你為什麼把錢放你爸爸口袋裡？」穆拉也這樣問我爸爸。「我們家現在過得很好，或許有一天還能把房子買回來。Positive thinking，正面思考，」他用英語說：「跟歐洲一樣。學校從來沒教我們正面思考。我跟你說，我們的問題就出在這裡。」

最後，正面思考贏了。我們雖然沒把房子賣了，但確實將大部分積蓄「投資」到其中一家公司：波普利。波普利的全名是大眾民主（Demokracia Popullore）。奶奶始終記不清楚，老是將它和民主陣線（Fronti Demokratik）搞混，也就是一九九〇年以前發放食物券給我們的地方黨委會下屬單位。「你拿到民主陣線的利息了沒有？」投資三個月後，爸爸從波普利領了利息回來，奶奶這麼問。「拿到了，」爸爸說：「都在口袋裡。」

正面思考也讓我爸爸選上了議員。他拿到了六成以上的選票。這是他短暫議員生涯裡獲得的唯一成功。他在國會裡的那幾個月完全失敗。爸爸很快就發現自己既沒有領導者的無畏本能，也沒有顧問精於算計的耐性。他完全不守黨的紀律，做決定時猶豫再三，又不肯替同黨同志的決定背書。他既沒有領導的雄心，也沒有服從的習慣。

當時是國會議員最吃力不討好的時候。那年選舉是我國歷史上競爭最激烈的一次，反對派社會黨指控現任政府舞弊，拒絕承認選舉結果，該黨的當選議員統統沒有就職。大批國際觀察員、外交調解者和政治顧問湧入了我們國家。

大舉湧入的還有金融專家。他們最擅長將英文術語套在他們認為亟需解決的問題上，成為我們朗朗上口的名詞：如新興市場（emerging market）、投資人信心（investor confidence）、治理結構（governance structure）、透明反貪腐（transparency to fight corruption）和轉型改革（transitional reform）。他們唯一沒推廣成功的術語，就是多層次傳銷（pyramid scheme），也就是我們廣大同胞稱作「公司」的東西。當時由於親情羈絆，移民匯款盛行，地下信貸市場非常活絡，使得這些「公司」在一九九〇年代初期應運而生，彌補了我國金融業不發達的不足。一九九五年聯合國結束對前南斯拉夫的禁運措施之後，走私更加無利可圖，許多人坐擁現金，使得多層次傳銷公司更敢用高利息吸引存款。一九九六年國會選舉讓問題雪上加霜：不少這類公司捐款給執政的民主黨，不僅提高了他們的知名度，並助長了這股「跟歐洲一樣」的投資賺錢熱潮。

幾個月後，這些多層次傳銷公司不再付得起他們保證的高利息，統統宣告破產。全國一半以上同胞，包括我家在內，都失去了多年積蓄。民眾指控政府和公司主管勾結，紛紛上街要求拿回自己的錢。抗議從南部開始，那裡是社會黨傳統重鎮，很快便遍及全國。洗劫、平民攻擊軍事要塞、前所未有的移民潮隨之而來，最終導致兩千多人喪生。這些事件後來寫進了歷史，稱為阿爾巴尼亞內戰。對我們來說，只要提年份就夠了：一九九七。

廿一、一九九七

內戰要怎麼描述呢？以下是我一九九七年元月到四月寫的日記內容。

一九九七年元月一日

我不曉得為什麼大家老是想讓我相信新年新氣象。明明樹上的燈都是用過的，連煙火都和去年一模一樣。

元月九日

今天電工學考試*，我拿了十分。

元月十四日

上學一點用也沒有。我不喜歡上學。不過，學期結束了，而且今年是最後一年。我得小心分數。今天一整天，我都在唸數學和物理。

* 原註：阿爾巴尼亞的中學必修課，內容以機械和工程為主，是過去蘇聯影響下的課程遺跡。

一九九七年元月廿七日

蘇德倒了*。政府凍結了所有其他公司的帳戶。南部有人上街抗議。我想念K，我覺得我愛上他了。但他不理我。

二月七日

天黑了，我躺在床上聽「金屬製品（Metallica）」的新專輯。我敢說等下一定會有人來抱怨太吵了。

二月十日

賈利沙（Gjallica）倒了**。民眾要求拿回自己的存款。發羅拉發生動亂***。示威者要求政府下台。

二月十三日

我們今天在學校裡和騾子辦了一場活動，慶祝情人節。法國大使館特地派人來，我搞不懂為什麼。K穿運動服，好像根本不在乎。他問我爸爸對眼前的政治情勢有什麼看法，我說他在國會提案要求政府下台。K的爸爸過世了，一九九〇年死於不明原因。他爸爸從前是西古力米。真討厭。

二月十四日

〔寫了很長的情書給K。他永遠不會收到，也永遠不會知道有這封信〕

二月十五日

我們贏了全國索羅斯（Soros）辯論賽，題目是「開放社會必須開放邊界」。

二月廿四日

今天去參加物理奧林匹亞競賽。我看了問題，在賽場內待了三個小時，寫了一首關於無聊的詩。

＊ 原註：蘇德是第一批倒閉的多層次傳銷公司。

＊＊ 原註：另一家多層次傳銷公司，在阿爾巴尼亞南部據點特別多。

＊＊＊ 原註：阿爾巴尼亞南部城鎮，向來左傾。

二月廿五日

政治情勢依然緊繃。發羅拉的學生發動了絕食抗議。爸比（Babi）*的提案得到另外十三位議員連署，在各大報紙上刊出，引起很大騷動。黨指控他們是「赤色機會主義者」。

三月九日國會將投票對貝里沙（Berisha）**出任總統行使同意權。歐盟昨天開會，會後宣布支持貝里沙。爸比說提案連署人之前曾表態親歐，這給他們帶來了很大的麻煩。既然歐盟支持貝里沙，就會將公開反對他的人視為「不安因素」。我跟爸比說，如果他投同意票，就是膽小鬼。他說政治很複雜。我覺得人應該做他們認為對的事，而不是順從情勢所逼。

二月廿六日

我今天什麼功課都沒寫。明天我們要罷課，支持發羅拉的學生絕食抗議。所有人都很興奮不用上課。

二月廿七日

校長不反對罷課，但為了不讓他遭受紀律處分，他說全校學生必須簽署請願書。於是我們擬了一份草稿：「為了支持發羅拉的學生，並避免遭遇過去幾週來的暴力行為，我們宣布無限期罷課。」不是所有學生都簽了名。

下午回到家，民主黨青年團的書記打電話來，問我知不知道罷課是誰發起的。我說我什麼都不知道，罷課是自發的，沒有任何人帶頭。他說如果我們只是想放假，他們可以處理，但我們這樣做讓人很不愉快。我說不是只為了放假。他問我知不知道籌劃者的名字，我說大家都有份。他又問有沒有人跟我一樣，和黨關係比較好，可以說服其他人回學校上課。我說我不打算說服任何人回去。你們為何那麼執著於抗議，他說，妳媽媽是黨員，爸爸是國會議員，萬一總理辭職，你們要吃什麼？自己的大便嗎？我沒有告訴他名字。我看起來像是會告密的人嗎？

＊＊原註：阿爾巴尼亞文對「爸爸」的暱稱。

＊＊原註：薩利．貝里沙（Sali Berisha, 1944-），心臟科醫師、前共產黨員，一九九〇年代推翻社會主義的學生運動英雄及領袖。這些事件發生時，貝里沙是阿爾巴尼亞民主黨黨魁，我爸爸是該黨的國會議員，政府也由該黨執政。

二月廿八日

K很生氣，罷課報導只刊在《科哈尤納報（*Koha Jonë*）》＊五版。他說應該在二版才對。他大部分時間都對我不理不睬，但我們今天聊得很愉快。他開玩笑說，上學的人裡頭有百分之八十阿爾巴尼亞語說不好，百分之十會說阿爾巴尼亞語，但不看報紙，百分之五會看報紙但讀不懂內容。K當朋友很好，但我覺得愛上他不是個好主意。他很怪。

青年團書記又打了幾通電話來對我施壓，要我在學校支持黨。這樣做有什麼用？權力已經從他們手裡跑掉了，用幾根頭髮是留不住的。

三月一日

發羅拉發生警民衝突，有九人喪命。爸比昨晚半夜一點接到電話，要他今天一早到國會開特別會議。其他城鎮也發生動亂。南部許多道路被路障阻擋。有人說「內戰」就要爆發。我不懂會是誰和誰打仗。所有人的錢都沒了。我們很聰明，沒有賣房子。媽咪說到校門外罷課沒問題，但我不准開口，也不能挑起示威。我看見K，還見到貝莎，她正要去某人家參加派對。罷課很酷，我們有很多時間鬼混。

三月二日

晚上八點

情況很怪。總理辭職了。貝里沙召集各政黨舉行圓桌會議。昨天社會黨才對民主黨籌組的新政府投下同意票，今天就撤回了。南部一片混亂，薩蘭達（Saranda）和希馬拉（Himarë）** 有五座軍火庫遇襲，一座海軍庫房被炸毀。所有因謀殺而被判刑的囚犯都越獄了。

晚上十點

我剛才停筆去看新聞。爸比從國會回來，然後又出門去地拉那了。途中他打電話來，叮囑我千萬別出門。他說外面不安全，若民眾對他不滿，可能會找我出氣。總統已經宣布國家進入緊急狀態，將權力轉交給軍方。軍政府聽起來很恐怖。四人以上不得出門，夜間實施宵禁，禁止集會，文化活動也不例外，軍人遇到違法者可以開槍。發羅拉有民眾朝地拉

* 原註：對政府抱持批判立場的左傾報紙（譯註：Koha Jonë 直譯為「我們的時代」）。

** 原註：兩者都是阿爾巴尼亞的南部城鎮，向來左傾。

那前進，希望推翻政府。我身旁所有人都在交頭接耳。今天有義大利記者打電話來，我之前在學校見過他們。「很嚴重（E grave），」我只能用義大利文這樣回答。我很害怕。但這裡非常平靜。說不定只是傳言。軍政府、緊急狀態，聽起來好可怕。

三月三日

早上我們在電視上看了總統同意權的鬧劇。民主黨一百一十八位國會議員，一百一十三人同意，一人反對，四人棄權。爸比是棄權的其中一位。早上，《時報》在地拉那的辦公室被焚毀，一名記者失蹤。我覺得軍方鎮壓不住反抗者。昨晚半夜兩點，發羅拉的學生放棄絕食抗議。他們不曉得該找誰談判。不少幫派持續攻擊軍營，竊取武器，洗劫店家。我們的坦克都賣掉了。我連它們還能不能用都不曉得。

我很害怕。爸比說我絕不能出門；要是有門路，他們會把我送到義大利。他聽說只要學校成績好，就可以申請大學獎學金。軍政府領袖加迪德將軍（Bashkim Gazidede）宣布學校停課一天。他看起來一副毫無頭緒的樣子。每天晚上八點到隔天早上七點宵禁，店家下午三點打烊。離開或許不錯。我會想念這裡的。一切都出錯了。我不想走。

三月四日

下午一點四十分

媽咪剛開完黨部會議回來。她說黨正在造冊，必要時將發槍給大家自衛。爸比說他不想要家裡有槍，反正他也不會用。媽咪說槍有嚇阻作用，還說她到時會用。今天，杜勒斯街上開始見到發羅拉車牌的車。政府派了坦克到南部。顯然坦克還管用。示威者逃到了山區，所有記者搭直升機撤離。我不曉得要是示威擴及到杜勒斯，我們該怎麼辦。這裡都還好。我在家下棋、玩牌。我不想走。我想把學校讀完。

三月五日

我想念K。離開前我想見他。我不想走。離開會讓你遺忘事情，會讓你遺忘人。

三月七日

中午十二點半

總統說，只要人民放下武器，他四十八小時內就會籌組聯合政府，並宣布特赦。昨天各黨舉行了圓桌會議，我覺得現場氣氛很文明。家裡還是不准我出門。只有我，其他人都可以出門。宵禁時間之外，學生還是在外頭集會。我不曉得為什麼就我不能出門。我不懂。

晚上八點四十分

歐洲專家建議制定新憲法，重新選舉。至於政府能不能動用必要手段鎮壓動亂，他們什麼也沒說。

三月八日

停火四十八小時。反抗者占領了吉諾卡斯特（Gjirokastra）*。一堆代表團來來去去。

三月九日

情況好轉。昨天又進行了一次圓桌會議，各黨同意組成聯合政府，六月舉行選舉，一週內交出武器的民眾將獲得特赦。也許我不用離開了。下午家裡准我出門。緊急狀態應該很快就會結束，學校也會恢復上課。我好開心。我已經快受不了，差一點就要打仗了。我很想念K。我希望我能考試順利。我很期待繼續上課。爸比狀態很糟，沒辦法跟他說話。我很遺憾，他的政治生涯這麼短。我不曉得他還會不會參選。我猜這得看黨內會不會重組。

三月十日

好無聊。我已經十天沒見到K了。十天。

三月十一日

儘管各黨達成協議，由社會黨總理籌組技術官僚政府，儘管「雙邊」都很努力化解危機，示威仍然持續不斷。我剛才聽新聞得知，北部有幾座城鎮，包括斯庫台、庫克斯（Kukës）和特羅波亞（Tropoja），也都落入了起事者的手裡。國會通過特赦上繳武器的人。我不認為這能阻止洗劫。

三月十三日

淚水讓我兩眼茫茫。我在臥房。除了我自己的啜泣，我只聽見機槍的轟鳴，我甚至分不清槍聲來自哪裡。感覺來自四面八方。沒有人想到動亂會波及這裡。昨天我們在這裡或那裡聽見爆炸聲、直升機聲，但沒有多想。因為有傳言說麻煩已經抵達地拉那，我們以為那

＊原註：阿爾巴尼亞南部的左傾城鎮，霍查的出生地。

些聲響只是回音。接著我坐在廚房窗邊，看見外頭四處有人在跑。街上所有男人都拿著武器往山上走：有些人拿AK-47，有些人拿手槍，還有人提著桶裝炸彈。我看見鄰居伊斯邁。他很老了，正拄著拐杖吃力推著一台木製手推車，裡頭擺著一個巨型金屬物體，刮著推車沙沙作響。他說那是中射程的RS-82火箭。路人恭維他說，伊斯邁，這東西看起來不錯，但你有發射台嗎？伊斯邁說沒有，但或許有人有，誰曉得哪時候會需要火箭。

後來，傳言說又出現了新的出走潮，還說港口有船載人去義大利。有人闖上了亞得里亞號渡輪，開槍要求船長開船。我走進臥房，發現妮妮在發抖。她說爸比在國會被打了，裡頭可能有人在打架，國會被燒了，電話又不通。她臉色好蒼白。

媽咪和拉尼在海邊。他們早上出門，當時局勢還沒有失控，兩人到現在都沒回來。我開始掉眼淚。之後貝莎來了，她說她要和她媽媽去碼頭，看有沒有船。她媽媽問妮妮，要不要讓我一起去，但妮妮拒絕了。我哭得更厲害了。接著我開口說我想去，可是沒聲音。我又試了一次，什麼都說不出來。

我沒了聲音。我沒有再試。我不曉得自己還能不能說話。我不想試，免得又沒聲音。外頭聲音好大。我只聽見AK-47的聲音。朵妮卡來家裡陪妮妮。我不曉得為什麼大家一直要我說話，用我的聲音。要是聲音出不來呢？我不想試。妮妮說爸比回來後，他們會送我去看醫生。她們一叫我說話，我就掉眼淚。淚水止也止不住，就是一直往下掉，我想停卻停不下來。我沒辦法說話。我不知道該做什麼。我只能靠自己了。我很想試，但萬一聲音出不來呢？要是永遠都沒聲音了怎麼辦？說不定我哭了，聲音就會回來。

三月十四日

上午九點五十分

我只聽見機槍聲。媽咪和拉尼昨天去義大利了。一個男的來跟我們說，媽媽和拉尼在海邊見到一艘船停在碼頭，就跳了上去。那男人說，他當時和家人也在海邊，但決定不上船。船上的人拿著AK-47，而且在開槍。媽咪勸他到處都有人在開槍，最好去義大利，但他說他家人太害怕了。他說媽咪和拉尼可能已經到了巴里的難民營。我不曉得他們是不是成功到了義大利，但他們沒有打電話回來。媽咪和拉尼身上沒有帶錢，那邊的人甚至可能不准讓他們離開難民營。他們可能在那裡關上兩週，然後被遣返。電話又通了，然後又停了。我覺得電話線應該是好的，但沒有人打來。道路都被封鎖了，但如果國會有人喪命，電視應該會報導，所以我想爸比應該沒事。

但我還是沒辦法說話。我想我的聲音沒有回來，也不曉得會不會回來。妮妮說我可以試著說話，這樣爸比回來才不會嚇到。她給了我一顆煩寧，說吃了會有幫助，結果根本沒用。於是她又給我一顆，但我還是無法說話。我沒有試。要是我試了，發現聲音永遠回不來了怎麼辦？妮妮說事情沒那麼糟。她說我要堅強，說我需要振作。我不知道怎樣她才會覺得很糟。我覺得很想睡。

下午三點三十分

AK-47已經變成除夕煙火了，從早到晚一直響個不停。有誰猜得到事情會變成這樣？緊急狀態的效果適得其反。有些人提議讓北約部隊進來。我擔心這樣做只會讓結果更糟，開始大規模流血，就像波士尼亞的維和部隊。我們只能靜觀其變。妮妮說得沒錯，我可能需要習慣。我有在試。我想到昨天街上民眾四散奔逃，車子橫衝直撞左右開槍，就不由得脊背顫抖。今天好一點。我想我比較適應了。感覺就像所有人同時瘋了，開始破壞一切。

爸比從地拉那回來了。他說港口已經全毀，所有辦公大樓都付之一炬，只剩很少店家還在苦撐，老闆人人拿著AK-47保護店面。我只聽見槍聲。整個國家淪入幫派之手，徹底陷入無政府狀態。這已經不是社會黨對抗民主黨，而是所有政治勢力都束手無策。一切都莫名其妙，沒有人能理解。感覺整個國家在自殺；情況剛開始好轉，又立刻急轉直下。所有人都跌入深淵，救不回來了。情況比一九九〇年糟糕太多了。當時至少還對民主抱著希望，現在什麼都沒了，只剩詛咒。

下午五點

我受不了了。我寧可出門被子彈射死，也不想呆呆坐著。家裡沒有人能說話。我一直以為就算發生戰爭，我也會很堅強，完全沒想到我只是一直哭。是等待。是等待讓我窒息。

妮妮要我把床搬離窗邊。一堆 AK-47 子彈落在我家窗台。我不曉得子彈從哪裡來，但要是離這裡不遠，子彈速度沒有減少太多，就可能喪命。妮妮是這樣說的。把床搬開就對了。

傍晚六點

槍聲。感覺就像在我腦裡爆開似的。我就是止不住落淚；只要開口，結果總是眼睛裡湧出淚水，而不是聲音。

三月十五日

妮妮之前又給了我鎮靜劑。我剛起床，感覺有稍微好些。我不曉得是情況真的很糟，還是我的想像讓事情更糟。貝莎也走了，我沒有可以說話的人了。反正我也說不出來。今天我聽到的槍聲比較少。接下來應該會有國際維安部隊介入。我想回學校上課。

中午十二點三十分

我想自殺，但覺得對不起妮妮。這個念頭只維持了十五分鐘。我需要再找一本書來讀。

晚上八點五十分

下午沒事。媽咪不久前打電話來，終於。他們在巴里的難民營。爸比很生氣，說她不應該不告而別。妮妮先跟她說，然後把話筒遞給爸比；他一句話也沒說就遞給我。但我沒辦法說話。我感覺我的聲音還沒有回來。媽咪說，她看到船就決定衝了。她想救拉尼。妮妮說妳不能只帶一個孩子，拋下另一個。爸比發誓再也不跟媽咪說話。

三月十六日

我今天出門了。我趁妮妮睡著時溜出房子，因為我再也受不了了。我心想，就算中彈死了又怎樣。我跑到山頂去看舊皇宮。裡面空空如也。欄杆斷了、磁磚被偷了、花朵統統被人拔光、水晶燈也不見了，天花板感覺隨時就要砸在你頭上。我在宮裡試著大叫，結果聲音出來了。我知道自己的聲音還在，只是不想用。裡頭什麼都沒有，一點不剩，連家具也沒留下。

我開始讀《戰爭與和平》。裡頭角色很多，你感覺自己一點點認識他們。和虛構人物相處可能比思念再也見不到的真人好。我不再想起學校，也不再想起K。

三月十七日

弗拉穆把自己殺了。他拿著TT手槍（Tokarev TT33）把玩，以為槍裡沒裝子彈。他媽媽就在旁邊。弗拉穆扣動扳機，沒想到槍裡還有一枚子彈，就那麼一枚。街上的人說他們聽見爆裂聲，但我什麼也沒聽到。爆裂聲太多了。我只聽見許普瑞莎尖叫，聲音很像乾吼，又像野獸。她扯著頭髮跑到街上，完全失去了理智，不停叫人進去把他蓋好。她從頭到尾只說這件事。進去把他蓋好。

三月十八日

跟爸比出去真好玩。我們今天一起去買東西。但他話很多，而且一路上見了太多人，感覺拖了好久。今天外頭人不少，情況感覺稍微好轉。我覺得一定會沒事的，我只需要勇敢。妮妮就好勇敢，我不曉得她是怎樣做到的。一隻杜鵑鳥困在了我們家裡，我們怎麼找也找不到。但你可以聽見牠在叫，真的很大聲。妮妮說杜鵑會帶來厄運。

三月十九日

今天和媽咪講了電話。她說他們很快就要離開難民營了。她在羅馬找到了一份工作，照顧某位癱瘓的老婦人。媽咪說她會申請政治庇護。他們給了她食宿和五十萬里拉，而且可以帶著拉尼。她說她或許再過一陣子會找到其他工作，當數學家教，然後她就會申請公民，讓全家人團聚。她什麼都不懂。她沒看電視。我看過一個義大利節目，講阿爾巴尼亞人。她比較可能找到一個男人，而不是公民身分。爸比還是不肯跟媽咪說話。

三月二十日

昨晚無法寫東西，因為傍晚五點就停電了，直到今天早上才恢復。後來又停電，但我剛才找到了一根蠟燭。昨天街上沒有半個人，全擠去港口希望離開。外頭一陣狂風，感覺就快將房子連根拔起捲走一樣。風這麼大，我不曉得他們覺得可以去哪裡。我讀完了《戰爭與和平》。屠格涅夫似乎寫過，小說裡有些地方令人難以忍受，有些地方很精彩，而精彩處遠多於前者。我絲毫不覺得有哪裡難以忍受，而是讀得放不下來。爸比說媽咪要是回來，他一定會把她告上法院。他說他永遠不會原諒她。還是在打戰。我腦袋快爆炸了。我感覺腦袋裡有個東西，卻還不曉得是什麼。我腦袋裡好吵，外面好吵。街上雖然沒有人，可是真的很吵。槍聲從未停止。

三月廿五日

我覺得學校今年不會復課了。我不曉得期末考會怎樣。上大學有太多事要想。我還沒決定要唸什麼。外國部隊很快就要來了：義大利、希臘、西班牙、波蘭。國際維和部隊。我猜這對經濟有利，對賣淫有利。

三月廿九日

一艘從發羅拉開往義大利的船，昨天晚上在奧特朗托（Otranto）附近沉了。船上載了將近一百人，被一艘巡邏的義大利軍艦給撞沉了。軍艦想阻止船開往義大利，結果讓船翻了。海上漂浮著大約八十具屍體。軍方還在搜尋，死者大多是婦女和小孩，有的才三個月大。我們的總理昨天才和普羅迪（Prodi）*簽訂協議，同意義大利使用武力管制領海，包括撞擊船身迫使船隻回頭。我不再吃煩寧了，改吃纈草，據說比較溫和。

四月六日

教育部長想出了一個瘋狂的點子，叫「電視上課」。政府不打算重新開放學校，不安全，而是在電視上講課，讓學生不會「無課可上」。我不曉得期末考該怎麼辦，搞不好一樣在電視上考。

＊原註：普羅迪（Romano Prodi）時任義大利總理，政治傾向中間偏左。

廿二、哲學家只顧解釋世界，重點是改變世界

學校一直關閉到一九九七年六月底，然後短暫開放幾天，讓我這樣的準畢業生考試。國際維和部隊在考試前幾週抵達，努力穩定秩序，但與其說是遏止暴力，不如說是幫政府重新取回暴力的專有權。外國部隊穿著同樣的綠制服和灰鋼盔分派各地，只有袖子上繡的國旗顏色不同。這次的「破曉（Alba）」行動由義大利領軍。這是自二次世界大戰以來，義大利部隊再次踏上阿爾巴尼亞國土執行「開化」任務。

選舉很快就會舉行，同時公投決定國家是要維持共和體制，還是恢復帝制。王室後裔回到國內，希望挽救國家免於瓦解。一九三九年，索古將政權移交給我曾祖父，讓阿爾巴尼亞短暫成為法西斯附庸國，這群後裔便帶著國庫黃金出逃海外。而今他們在電視上買了一個廣告時段，呼籲人民支持恢復帝制。每天晚上，電視上都會出現對比照片，一邊是阿爾巴尼亞陷於火海，另一邊是奧斯陸、哥本哈根和斯德哥爾摩的經典建物，照片底下一行藍色大字：「挪威：君主立憲制」「丹麥：君主立憲制」「瑞典：君主立憲制」。

這則廣告一秒就能摧毀我奶奶的好心情，連窗外震耳欲聾的AK-47槍響都沒有此等威力。「索古！」她會冷笑著說：「少跟我講索古。我還去過他的婚禮呢。索古！大家瘋了嗎？真不敢相信！」

我爸爸的反應沒那麼情緒化，但同樣令人費解。「瑞典，」每回廣告出現，他就會無來由地說：「帕爾梅（Olof Palme），小太陽，妳知道帕爾梅嗎？他是個好人，妳應該多認識他。他才是貨真價實的社會民主黨。妳一定會喜歡他。帕爾梅是好人。」多年後，我對帕爾梅有更多認識，知道他強烈抨擊美國與蘇聯，支持去殖民，後來遭到暗殺身亡。直到那時，我才突然意識到，我爸爸這輩子只欣賞過世的政治人物。

物理是期末考最後一科。考前那晚，我坐在地圖前背誦各國首都。我發現自己對複習物理課本完全提不起興致。我好累。我已經好幾個月每晚讀書，沒有一天中斷，就像之前白天到學校上課那樣。入夜後，AK-47的槍響就變得稀稀落落。你可以聽見狗叫聲，偶爾甚至還能聽見院子裡蟋蟀叫。停電變得比較可預測，要嘛整晚有電、要嘛會停，每到午夜就見分曉。天黑後的生活幾乎已經回復往常，除了奶奶睡得不好，時常半夜醒來，警告我用功過頭會生病。就只有這件事不同：她以前從來沒有阻止我用功。

學校告訴我們，期末考表現如何其實沒有多大影響，分數應該會按每位學生的成績預測值來打。但我發現自己很難放手。我想做足準備，以防萬一。校方並沒有保證所有考試都會如期進行，他們給的建議也難保不會改變。我搞不好要重讀一年，或是還沒認識各國首都就畢業了。

物理考試那天，庫伊廷（Kujtim）老師打開信封，拿出教育部寄來的題目卷。學校體育館裡鴉雀無聲，每張桌子間隔一公尺以防作弊。庫伊廷老師用過往監考時的嚴肅語氣大聲讀出「考試主題」，讓我覺得儘管現在是非常時期，但我認真準備考試的決定是對的。庫伊廷老師高聲讀出題目：「一艘太空梭以速度V朝地球飛行，沿飛行方向發出閃光信號，試問——」

題目還沒讀完，校長就走進了體育館。庫伊廷老師摘下眼鏡等他過來。校長在庫伊廷老師耳邊低語幾句，老師低聲回答，校長點了點頭就離開了。庫伊廷老師望著窗外咳嗽一聲，嚥了嚥口水，接著沒有戴回眼鏡，直接從頭再次朗讀題目：「一艘太空梭以速度V朝地球飛行，沿飛行方向發出閃光信號，試問從地球上看，光子速度為何？」

讀完所有題目，他轉頭開始在黑板寫字，將黑板兩面寫滿圖表和方程式。接著他轉頭看向我們，手裡拿著一張A4的紙，有如盾牌擋在自己面前。「答案在這裡，」他隔著粉筆屑形成的白霧說道：「沒有人會不及格。假如你的預測分數是六，就只要抄兩題答案；分數是八，就抄三題；分數是十，就四題都要抄。別自己回答。校長接到匿名電話，學校可能被人放了炸彈，兩小時內會爆炸。兩小時，對方這樣告訴他。警察已經在找了，但還沒有任何發現。可能是某位同學惡作劇。各位不用恐慌，但必須動作快。」

那是我最後一科考試。學校沒有爆炸，完全是虛驚一場。我回家講起這件事，爸爸聽完就笑了。他笑得歇斯底里，不停用手拍桌，一邊抹去臉頰上的眼淚。「炸彈！」他大嚷道：「炸彈！我不是叫妳早點睡嗎，小太陽！不是跟妳說考試只是做做樣子？炸彈！真天才！明明有炸彈，他們還讓你們繼續考試！厲害！真是天才！」

下午我很擔心，我為了畢業派對而買的藍綠絲綢洋裝太長了，但臨時找不到女裁縫師幫我改短。「妳那裙襬連膝蓋都遮不住，」我試穿時，奶奶說。「可惜我眼睛長帘子，」她一臉歉疚補充道。帘子指的是白內障。「什麼忙也幫不上。」

我媽媽最擅長這種小修改。我很氣她不在。我平常都穿長褲上學，畢業我想穿點不一樣的做紀念。爸爸照樣無助地翻了翻白眼，臉上閃過一絲內疚。至少他還識相，沒有唸說洋裝已經很短了。

隔天我們在海邊一間浪漫的飯店舉行畢業派對。那間飯店名叫加州旅館，由本地最大黑幫把持。內戰期間遭到洗劫的武器幾乎都在他們手上，我媽媽就是他們送去義大利的。加州旅館周圍全是槍手。他們不時對空鳴槍，除了警告敵對黑幫旅館防衛森嚴，還讓旅館大廳充滿喜慶氣氛，就像巴爾幹習俗會在婚禮鳴槍一樣。畢業派對確實很像婚禮：男生穿西裝打領帶，女生除了我以外都穿晚禮服。侍者不停送上開胃小點，所有人跳著排舞直到下午四點出頭，槍手進來提醒我們宵禁快開始了，舞會才告結束。現場響起《加州旅館》作為結尾。我們一邊收拾東西離開旅館，一邊唱著：「歡迎來到加州旅館！這麼美妙的地方，這麼美麗的容顏！」身旁一堆槍指著我們。「討厭，」走出旅館大門，我班上一位女同學說道：「這麼熱真討厭！妳看它把我的妝搞成這樣，都流到臉上了，感覺就像沾滿泥巴的死人一樣。」

回想畢業當時，我記得自己一方面覺得鬆了口氣，考試那麼輕鬆就過了，一方面又很忿忿不平，自己花了那麼多晚上準備全白費了。那種不顧一切，只為了在生活的這一面上維持原狀的努力，現在想來似乎有點病態。

那幾個月，我學會接受好多事情。我接受爸爸經常困在國會，不曉得還會不會回來，甚至會不會死。我接受媽媽興奮報告她申請義大利工作許可的最新進展，還有她誇張保證自己完全不在意打掃陌生人的浴室，說這樣能讓她不想政治。我接受自己的聲音不見了，以後或許只能用寫的表達想法。我接受童年朋友弗拉穆在我面前殺貓，後來又在他母親面前玩TT手槍誤殺了自己。我接受AK-47子彈叮叮噹噹落在我家窗台的聲音，並學會聽著那樣的聲響入睡。我接受考試有人放炸彈，畢業舞會現場都是槍。

我學會在個人生命隨時可能消失的感覺下活著。我接受不知道明天是否一切如常，卻還是每日行禮如儀，照常吃飯、讀書和睡覺的無意義。我接受發生在我面前的那些悲劇的無名無姓，接受想知道親友鄰居是怎麼喪命的突然變得無所謂，不論他們是遇害或意外、獨自一人或有家人陪伴、暴力或平靜、可笑或有尊嚴，都無關緊要。

我接受對事情是這樣或那樣發生的解釋南轅北轍，從國際社會為何會對這樣或那樣的決定提出警告，巴爾幹人的歷史為何經年劇變，到想了解世界的這個角落，就非得注意這裡的種族與宗教分歧，還有社會主義的遺緒。我接受自己從外國媒體聽來的故事：阿爾巴尼亞內戰不是因為有問題的金融體制崩潰了，而是北部黑格人（Ghegs）和南部托斯克人（Tosk）的種族間長期敵視，即使這很荒謬，即使我不曉得我算是哪個種族，兩者皆是或皆非，即使我媽媽是黑格人，爸爸是托斯克人，兩人結婚以來所有問題都出在政治和階級差異，而不是講話的口音，我還是接受外國媒體的說法。就像其他人一樣，就像我們將自由主義**路線圖**當成天命乖乖照走，會失敗永遠是外在因素，例如我們自己的習俗落後，而不是自由主義本身有矛盾。

我接受歷史總是不斷重複。我記得自己曾經想：這就是我爸爸媽媽所體會到的嗎？這就是他們想讓我體會的嗎？這就是失去希望，對歸類、對細微差別、對區分、對衡量不同解釋的合理程度、對真理變得漠不關心的感覺嗎？

感覺就像回到了一九九〇年。同樣的混亂、同樣的不確定感、同樣的政權解體，還有同樣的經濟災難。但有一點不同。一九九〇年我們什麼都沒有，但還有希望；到了一九九七年我們連希望也沒了。未來感覺一片渺茫，可是我卻得表現得好像還有未來，還是得替自己做決定。我必須決定自己長大要成為什麼，選擇我的大學主修。我發現做選擇困難得有如凌遲。我發現衡量各種選項，想像自己過這樣或那樣的生活，思考自己選擇其中一種生活會有怎樣的未來真的好難。我發現自己無法獨立評判一個學科，例如法律、醫學、經濟、物理或工程，無法思考那個學科在講什麼，或如何成為該領域的專家，而是不斷思考它們的共同價值，這些學科有沒有共同點和共同的目的，思考它們如何幫助我們更加理解這個名為歷史的東西，因為我們認為歷史並不只是一連串雜亂無章的人物與事件，而是會賦予歷史意義與方向感，覺得自己可以向過去學習，從而塑造未來。我不知道該選什麼。

我的心裡只有疑惑。

但就是疑惑讓我做了決定。某天晚上吃飯時，我們正在吃橄欖，我忽然向爸爸和奶奶宣布自己的決定。爸爸一聽就慌了。

「哲學？」他說：「哲學，跟騾子一樣？」

「騾子？」我反問道，完全沒想到他會提到我老師。

「哲學，馬克思主義，」爸爸繼續往下說：「騾子就是讀這個的。同樣的東西。連馬克思本人都知道沒意義。妳知道他說過什麼嗎？他說哲學家只顧解釋世界，重點是改變世界。他在《關於費爾巴哈的提綱》裡說的。妳想變得跟騾子一樣嗎？馬克思說出的真理不多，但這句話鐵定是一個。」

爸爸引述《關於費爾巴哈的提綱》，彷彿那是古蘭經或聖經經文似的。汝不可偷盜，不可唸哲學。

「我從來沒聽過那句話，」我說：「而且，讀哲學當然可以改變世界。」我一邊嚼著橄欖一邊說。

「這就是馬克思想表達的重點，」爸爸回答：「哲學已經死了。哲學家拚命想理論，一個接一個，但都彼此矛盾，根本無法判斷誰對誰錯。妳應該選精確科學（exact science），那種可以驗證或否證的學問，例如物理或化學，或是能給妳一技之長，讓妳幫助別人改善生活的學科，例如醫生或律師，那種實在的東西。」

「當然有辦法判斷，」我說，心裡仍然想著爸爸剛才引述的那句話。

爸爸一臉迷茫。

「你說重點不是解釋世界，而是改變世界。也許馬克思想表達的是，能讓世界朝正確方向改變的才是對的哲學理論，」我舌頭滾著橄欖想把籽弄出來，一邊口齒不清地說。

「妳講話已經像個馬克思主義者了，」爸爸說：「他們老覺得自己知道正確方向。」

這裡他又提馬克思，這就比較令人擔心了。每回我爸爸媽媽提到「某某是馬克思主義者」或「某某依然是馬克思主義者」，意思通常不是「某某很蠢」「某某不可信」，就是「某某是罪犯」。馬克思主義從來不是個讚美詞。

「哲學不是職業！」爸爸高聲說道：「妳頂多成為中學老師，對著一群事不關己的十六歲小鬼解釋黨的歷史。」

「什麼黨？」我繼續啃著橄欖說：「黨已經不在了。我們已經不教黨的歷史了。」

「反正就是騾子現在教的那些，」爸爸收回剛才的話。

「我根本沒提到馬克思，」我講話開始大聲。「是你提的。你對哲學的了解就只有這樣。你只會想到馬克思主義。馬克思主義或許死了，」我又開始結巴。「但哲學遠不只如此。我完全不認識馬克思主義。我知道它毀了你們的人生，可是——」

「妳要是早生幾年，馬克思主義也會毀了你的人生，」爸爸打斷我。

奶奶起身收拾碗盤，接著像是想到了什麼，轉頭看著爸爸說：「當初你在大學沒辦法讀你想讀的科系，難道現在也要讓你女兒接受同樣的命運？你讓自己的小孩遭遇你痛恨一輩子的事，到底有什麼意義？」

奶奶說話的語氣和內容完全不搭。她話語間不帶一絲情感，彷彿在協助看診，而不是討論孫女的未來。我決定保持沉默。

「我搞不懂，」爸爸緊張地說：「他們在學校從來沒學過哲學，連馬克思都沒學。我怎麼向別人開口借錢讓她去讀書？你說讀什麼？哲－學。所有人都會覺得我們瘋了。她懂什麼哲學？」他語氣裡帶著憤怒。

那天晚上，我們達成了協議。他們答應讓我讀哲學，而我答應不碰馬克思。於是爸爸放我自由，讓我離開阿爾巴尼亞，橫越亞得里亞海。我向著岸邊的爸爸和奶奶揮手告別，搭船前往義大利。船身底下，是幾千具沉沒海底的屍體。那些人擁有比我還渴望未來的靈魂，卻沒有我如此幸運。我再也沒有回去。

後記

每年開學，我都會在倫敦政經學院講授馬克思主義的第一堂課告訴學生，許多人以為社會主義專講物質關係、階級鬥爭或經濟正義，其實激發它的是更根本的東西。我告訴他們，社會主義說到底是一套關於人的自由、如何思考歷史進步、如何適應環境又試圖超越它的理論。自由不是只有別人告訴我們能說什麼、去哪裡或做什麼的時候才會消失。一個自稱能讓人實現潛能，結構上卻讓人無法發揮自我，又不去改變結構的社會，仍然算是壓迫的社會。但即使有這些限制，我們依然永遠保有內在的自由：永遠有自由去做正確的事。

爸爸和奶奶沒有機會看到讀書把我帶到了哪裡。辭去國會議員後，爸爸便從一家私人公司換到另一家私人公司，每回都將自己遭到解僱怪罪於英文不好，後來則是更常歸咎於自己電腦技能太低。為了增加求職機會，他帶著家人搬到了首都，舊植物園附近，現在是全國汙染數一數二嚴重的地區。他的氣喘病惡化了。爸爸六十歲生日後不久，某個夏日傍晚，他忽然氣喘大爆發。爸爸衝到窗邊，打開窗想呼吸新鮮空氣，卻被濃濃的一氧化碳和灰塵所籠罩。救護車趕到時，他已經過世了。

事發時，媽媽人在義大利。她和爸爸雖然和解了，不過還是常回義大利當保姆或清潔工，協助償還我們新欠的債務；她的兄弟姊妹則是繼續在阿爾巴尼亞追討被政府沒收的財產。爸爸過世後不久，奶奶也跟著離開了人間。儘管她總覺得追討財產「浪費時間」，但這番努力終於在她辭世後幾個月取得了成果。阿拉伯一家地產開發商買下了媽媽家族在海邊的大片土地，我家的經濟情況一夜翻轉。

從此我再也不用錙銖必較，捱到下一筆獎學金入賬。我可以享受外食，在酒吧和新認識的大學朋友喝酒聊政治到深夜。他們許多人都自稱社會主義者——意思是西方社會主義者。在他們口中，羅莎．盧森堡（Rosa Luxemburg）、托洛茨基、阿葉德（Salvador Allende）和切．格瓦拉都是入世的聖人。我感覺他們這一點跟我爸爸很像：他們只崇拜被殺的革命分子。這些偶像出現在海報、T恤或咖啡杯上，就像我小時候霍查的照片出現在一般人家客廳裡那樣。我只要提到這一點，他們就會想多認識我的國家，卻從來不認為我在一九八〇年代遭遇的故事跟他們的政治理念有何相干。每當我將社會主義的標籤同時貼在自己的遭遇和他們的信念上，他們有時會覺得冒犯。每年五月一日在羅馬參加大型露天音樂會，我總是忍不住想起童年參加過的勞動節遊行。「你們那裡才不是真的社會主義，」他們這樣說，話裡幾乎掩飾不了心裡的憤怒。

不論是我講述阿爾巴尼亞社會主義下的親身經歷，還是拿我們的社會主義和其他社會主義國家相比，在我這群朋友眼中頂多是一個還在學習融入新社會的外國人的尷尬發言，只能多多包容。蘇聯、中國、東德、南斯拉夫、越南、古巴，這些國家也不是社會主義，而是這場歷史鬥爭中理當落敗的輸家，真正配得上社會主義頭銜的國家還沒有參戰。我朋友的社會主義清楚明白，仍在未來；我的社會主義混亂血腥，已成過去。

然而，他們所追尋的未來和社會主義國家曾經體現的未來，靈感都來自同樣的書、同樣的社會批判與同樣的歷史人物。但令我詫異的是，他們只當這是不幸的巧合。我這邊發生的錯誤都可以用領導人殘暴不仁或制度特別落後來解釋，在他們看來沒什麼好學習的。他們不可能犯相同錯誤，因此沒有理由去思考我們做到了什麼，又為何毀於一旦。他們的社會主義是自由與正義的勝利，我的社會主義是自由與正義的失敗。他們的社會主義會在正確的人、正確的動機和正確的條件下實現，理論與實踐正確結合；我的社會主義只有一件事可做，那就是忘了它。

但我不想忘記。我不是懷古或念舊，也不是想美化自己的童年，更不是因為小時候學到的概念根深蒂固，所以甩不掉。如果說我家和我母國的歷史能讓我們學到什麼教訓，那就是人類從來不是在自己所選擇的條件下創造歷史。批評「你這個不是真東西」很容易，不論社會主義、自由主義或任何複雜的理念與現實混合體都是如此。這種說法可以讓我們擺脫責任，不再是以偉大理念之名造成的道德悲劇的共謀，也不必反省、道歉與學習。

「我們組了一個《資本論》讀書小組，」某天一位大學朋友跟我說：「只要加入就會學到真正的社會主義。」於是我就加入了。我讀完前言頭幾頁，感覺有點像聽法文：我小時候學過、但很少用的語言。我還記得許多關鍵詞，例如資本家、工人、地主、價值和利潤，但它們在我腦中喚起的卻是諾拉老師的聲音，是她為了說給小學生聽的簡化版本。馬克思在《資本論》的開頭寫道，個人「只是經濟範疇的人格化（personification），體現了特定的階級關係與階級利益」。但對我來說，所有經濟範疇人格化的背後都有一個活生生的人：資本家和地主背後有我曾祖父，工人背後有碼頭工作的羅姆人，農民背後有我爺爺入獄時和奶奶一起被送去田裡幹活，她每回提到都很瞧不起的那些人。我不可能讀過就算了。

媽媽無法理解我為什麼要教馬克思、研究馬克思，為什麼要談無產階級專政。她有時會讀我寫的東西，讀完一頭霧水。她已經很能面對親友提出的尷尬問題：我真的相信這些想法有說服力嗎？這些想法真的可行？怎麼做？她通常都把批評擺在心底，只有一次提到某位親戚的評語：我爺爺在牢裡關十五年，可不是為了讓我離開阿爾巴尼亞捍衛社會主義的。我和她都尷尬地笑了，隨即沉默片刻，然後轉移話題。我感覺自己就像殺人犯，彷彿光是和那套毀了我太多家人的思想體系有關聯，就足以讓我成為扣下扳機的人。我心底很清楚我媽媽是這樣想的。我總是想解釋清楚，卻不知從何說起，感覺得用一本書才能回答。

各位現在手上拿的就是那本書。我起初想寫一本哲學書，探討自由主義和社會主義傳統下「自由」概念的重疊。但就像我讀《資本論》那樣，我一開始寫，筆下對象就從概念變成了人，讓我成為現在的自己的那些人。他們彼此相愛相爭，對自己是誰、自己對他人負有何種責任的看法各不相同。他們就像馬克思所形容的，是社會關係的產物。他們無法左右這些關係，卻還是努力克服超越，並且覺得自己成功了。但當理想成為現實，他們的夢想卻成了我的幻滅。我們住在同一個地方，卻活在兩個世界。這兩個世界只曾經短暫重疊；就算重疊，我們仍然用著不同的眼睛看世界。我的家人認為社會主義就是拒絕，不讓他們成為自己想成為的人，不讓他們從錯誤中學習，不讓他們用自己的方式探索這世界。我則認為自由主義背棄諾言，破壞團結，允許特權世襲，對不公不義視而不見。

某方面來說，我什麼都經歷了一遍。只要目睹制度改變過一次，就不難相信它可能再變。對某些人來說，對抗犬儒心態與政治冷感已經成為道德義務；對我而言，它更像是還債，報償過去那些犧牲了一切的人。**他們**並不冷感，**他們**也不犬儒，**他們**從不相信放手不管事情會自己搞定。假如我什麼都不做，他們的努力就會白費，他們的生命就會失去意義。

我的世界和我爸爸媽媽努力逃離的世界一樣，都還離自由很遠。這兩個世界都遠遠搆不上那個理想，但失敗的方式不同。只要不明白這點，我們就會永遠分裂。我寫下我的故事，就是為了解釋、為了和解、為了繼續鬥爭。

致謝

這本書絕大部分是在新冠疫情期間寫的，而且是在柏林某個櫥櫃裡。事實證明，沒有哪裡比櫥櫃更適合躲開應該由我陪著自學的小孩（我自己的孩子），反芻我奶奶的名言「如果看不清未來，就想想能從過去學到什麼」了。感謝我媽媽多麗和弟弟拉尼，謝謝你們願意陪我重訪過去，讓我用**我的**文字分享**你們的**故事，謝謝你們總是實話實說。

感謝我的編輯伊恩妮塔（Casiana Ionita）。妳是第一個問我有沒有想過讓更多人讀到我的學術論著的人。謝謝我的經紀人查爾芳（Sarah Chalfant），讓我有信心完成這樣一個和開頭設想完全不同的寫作計畫。少了兩位一路上的智慧、提問、評論、耐心與幽默，這本書就不會問世。

感謝諾頓出版社的梅森（Alane Mason）和企鵝出版社的科克（Edward Kirke），謝謝你們對原稿提供了出色的編輯建議；也感謝才能非凡又熱誠的編輯團隊，將本書化為現實：威利版權代理公司的查爾芳、史蜜絲（Emma Smith）和內格爾（Rebecca Nagel）；企鵝出版社的科克、伊恩妮塔、黛伊（Sarah Day）、杜吉德（Richard Duguid）、施定（Thi

Dinh）、戈登（Ania Gordon）、科米尼克（Olga Kominiek）、馬莰（Ingrid Matts）和羅蒙蒂（Corina Romonti）。諾頓出版社的克里斯特（Mo Crist）、梅森、湯普森（Bonnie Thompson）、施泰德爾（Beth Steidle）、威金森（Sarahmay Wilkinson）和墨菲（Jessica Murphy）。

謝謝阿姆斯壯（Chris Armstrong）、福斯特（Rainer Forst）、古丁（Bob Goodin）、戈斯帕司（Stefan Gosepath）、庫卡薩斯（Chandran Kukathas）、雷亞爾（Mario Reale）、盧（Catherine Lu）、奧夫（Claus Offe）、尼科里尼（Valentina Nicolini）、歐文（David Owen）、尤格夫（Tamara Jugov）、羅達諾（Paola Rodano）和朗西曼（David Runciman），謝謝你們對初稿的精彩評論，以及持續不斷的支持與友誼。

謝謝我在阿爾巴尼亞和鐵幕「另一邊」的朋友，謝謝你們分享自己的童年，幫我重建事件與印象，給予我適切的讚許和批評。我尤其感謝費里茲（Uran Ferizi）和特爾哈吉（Shqiponja Telhaj）——我的地下編輯！——以及巴布盧什（Odeta Barbullushi）、布雷古（Migena Bregu）、杜羅（Eris Duro）、盧沙吉（Borana Lushaj）、帕帕科斯坦迪尼（Xhoana Papakostandini）和祕密先鋒（Secret Pioneer），謝謝你們對原稿的出色建言，以及從地理和政治角度提出了珍貴的比較視角。

同樣感謝巴博奇（Joni Baboci）、格奧爾基耶娃（Tsveti Georgieva）、卡迪賈（Anila Kadija）、庫爾帝（Bledar Kurti）、庫爾圖拉吉（Viliem Kurtulaj）、馬格里尼（Gjyze Magrini）、皮奇（Adlej Pici）、羅沙（Fatos Rosa）、卡弗庫（Roland Qafoku）、蘇拉（Flora Sula）和塞賈米尼（Neritan Sejamini）。很感謝你們在我寫書過程中的協助，即使封城依然很快就從地拉那將材料寄來給我。

謝謝倫敦政經學院的同事與學生鼎力支持，在關於自由的無數對話中給我啟發。感謝法蘭克福規範秩序（Normative Orders）研討會所有與會者對本書初期構想的精彩討論。謝謝李佛修姆信託基金（Leverhulme Trust）和洪堡基金會（Humboldt Foundation）資助我休假研究，讓我得以專心寫作。

感謝我的家人：強納森（另一位地下編輯！）、阿比昂、魯賓、哈娜、多麗、拉尼和諾亞跟我一起經歷寫書的苦與樂，以及其他種種。

我爸爸查菲和奶奶妮妮一直與我同在。查菲肯定想到可以開我什麼玩笑了，可能笑我自稱馬克思主義者，卻成天把「謝謝」掛在嘴邊。妮妮教我如何生活，如何思考生命。我每天都很想她。這本書是為了紀念她。

PEOPLE 493

自由：在歷史盡頭長大成人

Free: Coming of Age at the End of History

作者　蕾雅．烏琵（Lea Ypi）
譯者　賴盈滿
資深編輯　王育涵
責任企畫　林欣梅
封面設計　許晉維
內頁設計　LittleWork 編輯設計室
人文線主編　王育涵
總編輯　胡金倫
董事長　趙政岷
出版者　時報文化出版企業股份有限公司
108019 臺北市和平西路三段 240 號 7 樓
發行專線｜ 02-2306-6842
讀者服務專線｜ 0800-231-705 ｜ 02-2304-7103
讀者服務傳真｜ 02-2302-7844
郵撥｜ 1934-4724 時報文化出版公司
信箱｜ 10899 臺北華江橋郵局第 99 號信箱
時報悅讀網　www.readingtimes.com.tw
人文科學線臉書　https://www.facebook.com/humanities.science/
法律顧問　理律法律事務所｜陳長文律師、李念祖律師
印刷　勁達印刷有限公司
初版一刷　2023 年 10 月 13 日
定價　新臺幣 460 元

ISBN 978-626-374-371-7 ｜ Printed in Taiwan

自由：在歷史盡頭長大成人 / 蕾雅．烏琵（Lea Ypi）著；賴盈滿譯 .
– 初版 . -- 臺北市：時報文化出版企業股份有限公司 , 2023.10
320 面；14.8×21 公分 . --（PEOPLE ; 493）
譯自：Free : Coming of Age at the End of History
ISBN 978-626-374-371-7（平裝）
1. 烏琵（Ypi, Lea, 1979-） 2. 自傳 3. 阿爾巴尼亞 ｜ 784.948 ｜ 112015535

時報文化出版公司成立於一九七五年，並於一九九九年股票上櫃公開發行，
於二〇〇八年脫離中時集團非屬旺中，以「尊重智慧與創意的文化事業」為信念。